中英双语珍藏本

George Orwell

动物农场

Animal Farm

〔英〕乔治·奥威尔 著

荣如德 译

上海译文出版社

动物农场

〔英〕 乔治·奥威尔 著　荣如德 译

作者简介

乔治 · 奥威尔(1903—1950)，原名埃里克 · 亚瑟 · 布莱尔。 英国小说家、散文家和评论家，以小说《动物农场》和《一九八四》闻名于世。

奥威尔出生于印度孟加拉，父亲是英帝国在印度的小文职官员。 奥威尔在贫穷而又自视高人一等的家庭环境中长大。 返回英国后，于 1917 年获奖学金入伊顿公学读书，成绩优异，并在学校刊物上发表其最初的文章。 1922 年到缅甸，在印度皇家警察驻缅甸部队服役，由于意识到英帝国的统治违反缅甸人民的意愿，感到内疚，于 1927 年离开缅甸，一年后辞职。 后以这段经历为素材，写成小说《缅甸岁月》（1934）和自传体散文《猎象记》及《绞刑》。 种族与阶级的差别使他无法与缅甸人民生活在一起，他回英后为了赎罪，穿上褴褛的衣服到伦敦东区和巴黎的贫民窟同工人、乞丐和洗碗工生活在一起，与英国的流浪汉一起流浪，与贫民一起去肯特的田野里收摘蛇麻草。根据这些经验，他写了《巴黎伦敦落魄记》（1933），开始在文坛上崭露头角。他的第一部长篇小说《缅甸岁月》描写敏感正直而在情感上孤立的个人，与不诚实的压抑性社会格格不入的情形，为他日后的小说建立了基本形态。《牧师的女儿》（1935）描写一位老处女的故事；《让叶兰继续飞扬》（1936）描写一位书店店员的故事。

对帝国主义的反感引导奥威尔放弃资产阶级的生活，并在政治上转向社会主义，写成政治论文《通往维冈码头之路》（1937），但在同一本书里又尖锐地批评了当时的社会主义运动。1936年去西班牙报道内战情况，参加共和军方面的民兵，当少尉，咽喉受了重伤，后因不同意共产党镇压政治反对派的做法，1937年逃离西班牙，次年写成《向加泰隆尼亚致敬》，此后他一生畏惧共产主义。回到英国后，他以复杂的保守主义笔调写了《上来吸口气》（1939），检视英国过去的行为，并道出他对战争及法西斯主义的恐惧。

第二次世界大战爆发后，先后在英国国家广播公司印度部和工党左翼的《论坛报》工作，成为多产的新闻记者和文艺评论作家。

1944 年写成讽刺苏联革命的政治寓言小说《动物农场》，次年出版后头一次使奥威尔名利双收。1949 年出版政治讽喻小说，也是他最后的作品《一九八四》。

第一章

庄园农场的琼斯先生，过夜前倒是把鸡舍一一上了锁，可实在因为酒喝得太多，还有好些旁门小洞却忘了关上。他打着趔趄走过院子，手里提的一盏灯的环状光影也跟着晃来荡去。一进后门，赶紧甩腿踢掉脚上的靴子，先从洗碗间的啤酒桶里汲取了这天的最后一杯，然后往琼斯太太已经在那儿打呼噜的床上走去。

卧室里的灯光刚一熄灭，一阵轻微的响动顿时席卷农场里所有的圈棚厩舍。日间就已有所传闻，说是老少校——也就是那头曾经获奖的公猪——头天夜里做了个奇怪的梦，想要讲给别的动物听听。此前已经约定，但等拿得稳琼斯先生不会来搅局了，所有的动物马上到大谷仓集合。老少校（大伙一直都这么叫他，虽然昔年他参展时的报名是维林敦帅哥)在农场里真可谓德高望重，每一只动物都不惜少睡个把小时，十分乐意来听听他要讲些什么。

大谷仓的一端有个稍显隆起的平台，少校已然给安置在那儿铺了干草的一张床上，从梁上挂下来的一盏灯就在他上边，挺舒坦。他有一十二岁了，近来颇有些发福，但他仍不失为一头相貌堂堂的猪，俨然一位睿智的忠厚长者，尽管事实上他的犬牙始终没有长出来。过不多久，其余的动物也开始陆续到场，并按各自不同的习惯安顿停当。最先来的是三条狗，分别叫做蓝铃铛、杰茜和钳爪；接着到的几头猪当即在平台前安营扎寨。一些个母鸡栖留在窗台上；有几只鸽子扑棱棱飞上了椽子；牛羊们在猪后面趴下来，开始倒嚼。两匹拉套干重活的马，一匹叫拳击手，一匹叫紫苜蓿，是齐头并进一起来的。他俩走得非常慢，毛茸茸的大蹄子踩到地上时十分小心翼翼，生怕干草里会藏着什么小动物似的。紫苜蓿是一匹母性洋溢的壮实雌马，现在步入其中年期，在生育过四胎之后，她再也没能重塑自己昔日的体态风韵。拳击手则是个庞然大物，几乎有六英尺高，论力气顶得上寻常的马两匹合起来那么大。顺着他鼻梁长就白白的一道毛色，使他的相貌总有那么点儿傻里傻气，而他的智能也确实算不上出类拔萃，不过凭着其坚忍不拔的性格和惊天动地的干劲，他还是到处赢得大家的尊敬。继两匹拉套马之后到达的是白山羊慕莉尔和驴子本杰明。后者在农场里算得上最资深的动物，脾气也是最坏的。他难得说话，一旦开口通常会发表一些冷嘲热讽的怪论，例如他会说上帝赐给他尾巴以便驱赶苍蝇，然而他宁愿尾巴和苍蝇都不要。在农场的动物中，惟独他从来不笑。倘若被问到这是为什么，他会说他看不出来有什么值得一笑。不过，他对拳击手倒是佩服得五体投地，尽管并不公开承认这一点；他俩每每一块儿到果园后面的一小块牧地去共度星期天，互相紧挨着吃草，可就是从不搭话。

现在言归正传，拳击手和紫苜蓿两匹马刚趴下来，便有一窝子失去了母亲的小鸭有气无力地细声叫着鱼贯而入，一边左顾右盼，想找一块他们不至于被踩踏的地方。紫苜蓿用她一条巨大的前腿权当一堵墙，把小鸭子围拢来，于是他们就在这围子里边安身，并且迅即睡着了。临到最后时分，给琼斯先生拉双轮轻便车的莫丽，那匹长得挺俊、却相当愚蠢的白母马，才故作娇媚状扭摆着腰肢进来，嘴里还嚼着一块方糖。她找了块比较靠前的地儿，开始甩她的白色鬃毛卖俏，指望吸引大家注意扎在那上面的红缎带。末了一个来到的是一只猫，她照例环视四周，先看看哪儿最暖和，最后生生地从拳击手和紫苜蓿之间挤了进去；少校讲话时她从头至尾一直在那里发出轻微的呜噜声表示心满意足，少校说些什么她连一句也没在听。

现在所有的动物都已到齐，只除了摩西——那是一只驯化了的乌鸦，在后门背后的横木架上睡觉。少校见大伙都已安顿到位，正打点起精神来等他发言，便清了一下自己的嗓子，开始说：

“同志们，你们已经听说昨夜我做了个奇怪的梦。但是，关于那个梦我待会儿再谈。我有别的事儿要先说。同志们，我恐怕没有好多个月跟你们在一起了，在我去世之前，我觉得自己有义务把我所获得的智慧传给你们。我这辈子活得够长的了，当我独自躺在圈里的时候，曾有很多时间静心思考，我认为自己可以说：我懂得在这片土地上生活而且懂得不比如今活着的任何动物差。我想要对你们讲的就是这档子事儿。

“那么，同志们，我们过的究竟是什么日子呢？我们还是实话实说吧：我们的生命是悲惨的，劳苦的，和短促的。

我们生了下来，供给我们的食物仅仅够维持我们的躯体里始终有一口气，我们当中那些能活下来的，就被强迫干活，直到筋疲力尽；一旦我们的使用价值到了尽头，我们立马就会遭到骇人听闻的残酷杀戮。在英格兰，动物只要满了一岁，便再也不知道什么叫做快乐或休闲。在英格兰，动物是没有自由的。动物的一生只有受苦受难受奴役的份儿。这是明摆着的事实。

“那么这会不会纯粹是自然条件决定的呢？莫非由于我们这儿地穷土薄，没法让在此居住的生灵过上体面的生活呢？不，同志们，一千个不，一万个不！英格兰的土壤是肥沃的，气候是适宜的，哪怕需要养活的生灵数量远远大于如今在此居住的动物总数，也有能力为他们提供丰饶富足的食物。单单我们这一个农场就养得起十二匹马、二十条牛、几百只羊，并且能让他们全都活得既舒服又有尊严——那简直是我们目前无法想象的。可我们又为什么总是活得这样窝窝囊囊、可怜巴巴呢？那是因为我们的劳动成果几乎全部被人类从我们身边偷走了。同志们，这就是我们所有问题的答案。它可以归结为简简单单的一个字——人。人是我们仅有的真正仇敌。只要把人赶下台，造成食不果腹和过度劳累的根本原因便可永远铲除。

“所有生灵中唯独人是光消费不生产的。人不会产奶，不会下蛋；人力气太小，拉不动犁；人跑得不够快，逮不着兔子。然而人却是所有动物的主子。人使唤动物干活，却只给动物少得不能再少的一点回报，仅仅为了不让他们饿死，而其余的部分悉数被人据为己有。我们的劳作耕耘着土壤，我们的粪便给土壤施肥，然而我们中的任何一个，除了自己身上的一张皮以外，什么也捞不到。我且问问眼前的几条奶牛，过去的一年里头，你们产了几千几万加仑奶呀？这些本该用于哺育健壮牛犊的奶都到哪儿去了？这些奶每一滴都让我们的敌人喝掉了。还有你们这些母鸡，过去一年内你们总共下了多少蛋，这些蛋中间有多少孵成了小鸡？其余的蛋全都卖到市场上去，给琼斯他们带来了钱。还有你，紫苜蓿，你生过四只小马，有了他们你原本可以老有所靠，老有所乐，可是他们都在哪儿啊？他们每一只都是刚满一岁就给卖掉的，从此以后哪一只你都休想再见到啦。你前后生育过四胎，在地里一贯勤劳苦干，可是这一切又换来什么回报？除了你那份紧巴巴的饲料配额和一间马棚，你还得到过什么？

“然而，即便是我们这种悲惨的生命，也不让走到顺乎自然的尽头。就我自己而言，我并不抱怨，因为我的运气算是不错的。我活了一十二年，我的孩子共有四百多。这才是一头猪顺乎自然的一生。可是没有动物最终能逃脱挨残酷一刀的下场。就说眼下坐在我前面的那几只肥小猪吧，不出一年，你们一个个都将在屠宰前没命地惨叫。如此可怕的厄运一定会临到我们大家头上——奶牛也罢，猪也罢，鸡也罢，羊也罢，一只也逃不了。即便是马和狗的命，也好不到哪儿去。以你拳击手为例，一旦你的那些了不起的肌肉失去了原有的膂力，琼斯立刻就把你卖给收老弱病马的贩子，让他先宰了你，再把你煮熟了喂猎狐犬。至于狗么，等他们老掉了牙，琼斯会在他们脖子上拴一块砖，把他们就近沉入随便哪个水塘。

“同志们，可见我们这种生活的万恶之源完全在于人类的专制统治，这不是清清楚楚、明明白白的吗？只要摆脱人的统治，我们的劳动成果就是我们自己的了。几乎一夜之间我们就能变得富足、自由。那么，我们该怎么干呢？毫无疑问，必须白天黑夜连着干，全身心投入工作，为把人类拉下马！同志们，我要传达给你们的信息，那就是：造反！我不知道那场造反运动什么时候来临，可能过一个星期，也可能要过一百年，但我知道，就像看到我脚下踩着干草一样确信无疑，正义迟早必定会得到伸张。同志们，你们的余生已为日无多，这一点要始终铭记在心！最最要紧的是，必须把我带来的这个信息传给你们的后代，这样代代相传就能把斗争继续进行下去，直至赢得胜利。

“要记住，同志们，你们的决心千万不能动摇。切不可让花言巧语把你们引入歧途。要是有谁对你说，人和动物有共同利益，人富即动物富，那都是谎话，绝对听不得。人只为自己谋利益，不为其他任何动物谋利益。我们动物之间在斗争中必须完全团结一致，建立真正的同志情谊。所有的人都是我们的仇敌。所有的动物都是同志。”

就在此刻发生了一阵把大伙吓得够呛的骚动。刚才少校发言的时候，有四只大老鼠从他们的洞里爬了出来，后腿和屁股着地坐在那儿听老公猪讲话。在场的几条狗突然发现了他们，老鼠们全靠一个箭步蹿回洞里才得以保住性命。少校举起一只爪子示意保持安静。

“同志们，”他说，“这儿有档子事儿必须得做个决定。像大老鼠和野兔之类非家养的生灵——他们算是我们的朋友还是仇敌？我们就来进行表决。我把这个问题提交给大会：大老鼠算不算同志？”

表决当即举行，赞成认大老鼠为同志的占压倒多数。反对者只有四票，即三只狗加一只猫。事后发现，猫既投了反对票，又投了赞成票。少校接着说：

“要说的我几乎都说了。我只是再次提醒大家，永远牢记你们肩负的责任，对待人类及其举止行为，必须持敌视态度。凡是两条腿行走的，那就是敌人。凡是四条腿行走或者长翅膀的，那就是朋友。同样必须记住，在反抗人类的斗争进程中，我们切不可落到去仿效人类的地步。即使你们征服了人类，也不得把他们的恶习继承下来。动物任何时候都不准住在房子里，或睡在床上，或身穿衣服，或喝酒，或吸烟，或接触钱币，或参与买卖。人类所有的习惯都是邪恶的。最最重要的是，动物不得欺压自己的同类。不分强弱，无论贤愚，我们都是兄弟。凡动物都不可杀任何别的动物。凡动物一律平等。

“同志们，现在我要把昨夜我做梦的事告诉你们。我没法向你们描述那场梦的情境。那是关于将来人类消亡以后这片土地会是什么情形的一个梦。但它令我想起我久已忘怀的一些事情。好多年以前，那时我还是一头小猪，我母亲和另外几头母猪经常唱一支老歌，她们只会哼那歌的曲调，不会唱词儿，只知道开头的六个字。小时候我也学会了哼那曲调，但它从我记忆中消失已经很久很久了。不料昨夜，它又回到我的梦中来了。可还有更绝的，那支歌的词儿也回来了——我相信那正是很久很久以前动物们所唱的歌词，后来失传已有好多好多年代。同志们，现在我要把那支歌唱给你们听。我老了，嗓子早已沙哑；不过，等我把曲调教给你们以后，你们自己可以更好地唱给自己听。歌的名儿叫《英格兰的生灵》。”

老少校清了一下嗓子，开始唱歌。他说得没错，他的嗓子确实已经沙哑，但能唱成这样，已经够难为他了。那曲调相当煽情，有些介于《克莱门汀》和《拉库库拉恰》之间的那种味道。歌词是这样的：

英格兰的生灵，爱尔兰的生灵，
不论你属于哪方水土，哪儿出生，
都来听我唱一唱
未来黄金时代的美好前景。

这一天总会来的，无非迟或早，

人类的暴政一定要推倒，
英格兰的千里沃野
将全由生灵们驰骋逍遥。

穿透我们鼻孔的铁环必将消亡，
挽具也要搬离我们的背梁，
让嚼子和马刺永远生锈去吧，
狠毒的鞭子再也不可能抽响。

大麦和小麦，燕麦和草料，
紫苜蓿、糖萝卜，还有豆子嚼，
到那天统统都是我们的，
富得叫你做梦也想不到。

到我们获得自由的那天，
英格兰的田野将满是金灿灿的一片，
大江小溪的水会变得更清澈，
连风儿也吹得你越发心醉酥软。

为了那一天，我们都得拼命干，
哪怕壮志未酬头先断。
无论是牛是马，是鹅还是火鸡，
为了争自由，大家就得多流汗。

英格兰的生灵，爱尔兰的生灵，
不论你属于哪方水土，哪儿出生，
都来听我唱一唱
未来黄金时代的美好前景。

这支歌经如此一唱，把动物们推到了无比兴高采烈的亢奋状态。几乎等不及少校唱完，他们自己便都唱开了。就连其中最笨最笨的动物，也已学会了曲调和少数几句词儿，至于像猪和狗那等聪明的，仅用几分钟就把整首歌全背了下来。于是，经过不多几次起头之后，整个农场就以惊人和谐的音调爆发出《英格兰的生灵》大合唱。母牛唱的是哞哞的低音声部，狗的哀叫适用于长腔，羊的咩咩、马的嘶鸣、鸭子的呷呷叫，统统各得其所。这首歌可把动物们给逗得不亦乐乎，他们竟一连足足唱了五遍。要是不被打断的话，他们会整夜一直唱下去，而不知东方之将白。

遗憾的是，喧闹声吵醒了琼斯先生，他从床上直蹦起来，想搞清楚是不是有狐狸闯进了院子。他抓起随时竖放在他卧室角落里的那杆猎枪，把一发六号铅沙弹向黑暗中射出去。铅丸纷纷嵌入谷仓的墙内，于是这次集会匆匆忙忙作鸟兽散。每一只动物都向着各自的宿处仓皇逃遁。鸟类扑棱棱跃上他们的栖木架，牲畜在干草栏里存身，整个农场顷刻间便入了梦乡。

第二章

过了三个夜晚，老少校在睡眠中平静地死了。他的遗体埋在果园地势最低的一端。

时当三月之初。在接下来的三个月内，那儿的秘密活动愈趋频繁。少校的一番话，给了农场里比较有头脑的动物一种全新的生活观。他们不知道少校所预言的造反将在什么时候发生，他们没有理由认为这会是他们有生之年以内的事情，但是他们清楚地看到应当为之进行准备。教育和组织其他动物的工作，自然就落到被普遍认为动物中最聪明的猪肩上。而猪中尤其出类拔萃的当推名叫雪球和拿破仑的两口年轻公猪，那是琼斯先生养着准备卖的。拿破仑是一头看上去挺吓人的伯克夏大公猪，也是场里唯一的伯克夏种猪，不太爱说话，可是出了名的不达目的死不休。跟拿破仑相比，雪球较为活跃，敏于言，点子也多，但大家认为在性格的深度上差点儿。场里别的公猪都是肉用猪。其中名气最大的要数一只叫吱嘎的小肥猪，他的腮帮子挺圆挺圆的，眼珠子忽闪忽闪的，动作敏捷，嗓子特尖。他的口才十分了得，每当他力图证明某一个很难说清楚的论点时，其习惯性动作就是身子跳来跳去，尾巴摆个不停，不知为什么这一招很有说服力。别的动物谈起吱嘎来，认为他有本领把黑的说成白的。

这三口猪把老少校的教导阐发成为一套完整的思想体系，他们名之曰动物主义。每周有几个夜晚，等琼斯先生入睡后，他们就在谷仓里秘密集会，向其他动物宣讲动物主义的原理。起初他们遭遇的态度颇有些愚顽和冷漠。某些动物居然谈到有义务忠于琼斯先生(他们还称呼他“东家”)，或者说出一些极其幼稚的话，诸如“我们是琼斯先生养活的，要是他死了，我们就得饿死”云云。有的动物提出过这样一些问题，例如：“我们为什么要关心我们死后发生的事?”或者“既然造反反正要发生，那么我们为不为它出力又有什么差别?”为了让他们明白凡此种种都有悖于动物主义的精神，三口公猪可费了好大力气。一些最最愚蠢的问题都是那匹白母马莫丽提出来的。她向雪球提的第一个问题是：“造反过后还有没有方糖?”

“没有，”雪球说得毫不含糊。“我们这个场里没有制糖的设备。再说，你并不需要糖。你所需要的燕麦和草料，你都会有的。”

“那么，我还可不可以在我的鬃毛上扎缎带?”莫丽问。

“同志，”雪球说，“你如此念念不忘的那些缎带，其实是当奴隶的标志。你难道不懂得，自由的价值要高于缎带吗?”

莫丽表示同意，但听起来并不十分信服。

公猪们还针对驯化了的乌鸦摩西散布的种种谣言开展了更为艰苦的斗争。摩西是琼斯先生特别钟爱的宠物，专门刺探消息，搬弄是非，但他又有一等巧舌如簧的说嘴功夫。他声称知道有一个叫做糖果山的神秘之乡，所有的动物死后都会到那儿去。据摩西说，它位于天上云层后面一点儿的某个地方。在糖果山，每周有七个星期日，苜蓿一年到头都是当令时鲜。方块儿糖和亚麻籽饼全长在树篱上。动物们厌恶摩西，因为他尽说瞎话不干活，可是有些动物相信真有糖果山，三口公猪不得不费好多好多唇舌去说服他们明白，世上根本没有这样的地方。

三口公猪最忠实的信徒当数那两匹拉套的马——拳击手和紫苜蓿。这二位遇事总要费极大的劲儿琢磨透了才行，不过一旦认定三口公猪是他们的老师，那么，凡是向他们讲解的内容，他俩都能消化吸收，然后再用简单的道理传达到其他动物那儿。两匹马参加谷仓的秘密集会从不缺席，而且每次集会结束时必唱的《英格兰的生灵》，照例由他俩领唱。

不料形势的发展却会是这样：造反竟然实现了，而且比任谁预期的提前了许多，也容易得多。过去好多年里头，琼斯先生虽说是个啬刻的东家，总还算得上一位能干的农场主，可是近来却流年不利。他在一场官司中输了钱以后，变得非常沮丧，而且纵酒无度。有一段日子他会整天懒洋洋地坐在厨房内他那把十八世纪的细骨靠椅里翻翻报纸，喝喝酒，偶尔给摩西喂点儿蘸了啤酒的面包皮。他雇用的员工无所事事，居心不良，田里长满杂草，圈棚厩舍漏雨失修，树篱久疏整剪，动物得不到足够的饲料。

六月来临，秣草差不多可以开镰收割了。在施洗约翰节（6 月 24 日）前夕的仲夏夜，那天是星期六，琼斯先生去了趟维林敦，在红狮酒吧喝得烂醉，直至星期天中午才回来。雇工们大清早给母牛挤了奶，便出外打野兔去了，压根儿没给动物们喂饲料。琼斯先生一回来，马上到起居室沙发上睡觉去了，用一张《世界新闻报》兜脸一盖。所以，直至黄昏时分，动物们尚未有人喂过。最后，他们饿得实在受不了，一头母牛用角顶开了饲料棚的门，于是，所有的牲口开始自行从料箱里取食。恰恰在这个当口儿，琼斯先生醒了。转眼间，他和他的四名雇工已经手持鞭子来到饲料棚，不看左右前后，劈劈啪啪就是一阵胡抽乱打。对于原本一直挨饿的牲口们来说，是可忍，孰不可忍？尽管事先没有制定任何计划，牲口们竟全体一致向施虐的人们猛冲过去。琼斯和他的几名雇工，突然发现自己遭到来自四面八方的头牴脚踹。局面已完全不在琼斯他们的掌控之中。以前他们从未见到动物有过如此行为，他们对牲口的一贯做法就是任意抽鞭子、施虐待，这些牲口此番突如其来的暴动，把他们吓得差点儿神经错乱。仅仅过了一小会儿，琼斯他们就放弃了进行自卫的尝试，溜之大吉。一分钟后，他们五人全都沿着通往大路的马车道拼命奔逃，而牲口们却在后面乘胜追击。

琼斯太太从卧室的窗里望出去，正好看到所发生的这一幕，赶紧把少数几件细软扔进一个毯制手提包，从另一条通道溜出农场。摩西跳离了栖木架，张开翅膀跟在她后面呱呱大声乱叫。与此同时，动物们已把琼斯和他的雇工们撵上了大路，并且把共有五道闩的大门轰然关上。就这样，几乎没等到他们弄清楚究竟是怎么回事，造反就已经大功告成：琼斯被扫地出门，庄园农场是动物们的了。

最初几分钟，动物们简直无法相信他们的运气会这样好。他们的第一个行动是全体出动沿着农场的地界绕场奔跑，仿佛要完全肯定再也没有一个人躲在场内的什么地方；然后他们又跑回农场的居住区，把可恨的琼斯统治遗留下来的一切痕迹统统扫除干净。马厩尽头的挽具房被撞开；马嚼子、鼻环、狗链、琼斯先生过去常用来阉割猪羊的那些凶残的刀子，一股脑儿全给抛到井下去。缰绳、笼头、眼罩、固定在头上套住鼻子的饲料袋(非常有损牲口的尊严)，被扔进点燃在院子里的垃圾堆。鞭子的下场也一样。当动物们看到鞭子在火焰中燃烧起来时，全都高兴得又蹦又跳。逢到赶集的日子通常扎在马鬃毛和马尾巴上的缎带，也被雪球扔进了火堆。

“缎带和衣服一样，”他说，“应当被视为人类的标志。所有的动物都应当一丝不挂。”

拳击手一听到这话，便摘下他夏天戴着防苍蝇钻进耳朵的一顶小草帽，把它跟其他东西一样扔到火堆上去。

不多一会儿工夫，动物们已把会令他们想起琼斯先生的一切东西全部消灭。接下来拿破仑带领大家回到饲料棚，给每一头牲口发放双份谷物饲料，给每一条狗两块饼干。于是他们把《英格兰的生灵》从头至尾连唱七遍，然后安定下来准备就寝。这一宿他们睡得真是舒坦，那是以前从来没有过的。

但是他们照例在黎明时分就醒来，突然想起了已经发生的盛大喜事，所有的牲口一齐跑出去奔到牧场上。沿牧场往前不远处有一个小山丘，从那儿能把大半座农场尽收眼底。牲口们冲到山丘顶上，在明净的晨光中环视四周。没错儿，周围他们所能看到的一切——都是他们的了！怀着这个想法带来的狂喜，他们绕着山丘一圈又一圈奔腾雀跃，不时向空中猛蹿猛跳，以宣泄汹涌澎湃的兴奋心潮。他们在朝露中打滚，把夏天甘美的牧草嫩尖咬下来塞满一嘴又一嘴，踢起地上的一块块黑土，狠狠地嗅着那股浓郁的芳香。然后他们把整个农场巡视一遍，满怀无言的深情对耕地、草料田、果园、池塘、小树丛一一加以纵览。好像此前他们从未见过眼前这一切，直到现在还难以相信这些都是他们自己的财产。

接下来他们排成单行返回农场居住区，可是到了农场主的住宅外面，却逡巡不前不做声了。这所房屋也已归他们所有，但是他们害怕到里边去。过了一会儿，雪球和拿破仑还是用肩胛把门顶开，于是动物们一个个成纵行走进去，步子迈得极其小心，生怕惊动什么似的。他们踮着脚从一间屋子走到另一间屋子，说话的声音不敢高过耳语，用敬畏的目光直盯着这些难以置信的奢华排场，包括床上的羽绒被褥、梳妆镜、马鬃沙发、布鲁塞尔地毯、起居室壁炉架上方墙上维多利亚女王的石印画像。他们才下楼梯，便发觉莫丽不见了。有些动物回到楼上去寻找，发现她落在后面最漂亮的一间卧室内。她从琼斯太太的梳妆台上拿了一条蓝色缎带，正把它举到自己肩旁对镜比划着，那副顾影自怜的丑态要多蠢有多蠢。动物们给了她一顿尖厉的抢白之后走了出来。挂在厨房里的几只火腿被拿出去，准备好生埋掉。洗碗间里那桶啤酒让拳击手踢了一蹄子给凿破了。除此以外，宅内的东西连碰也没碰过。一项决议当场就获得一致通过，那就是：农场主的住宅将保留下来作为纪念馆。大家同意任何动物永远不可住在里边。

动物们各自吃了早餐，然后雪球和拿破仑再次把大家召集到一起。

“同志们，”雪球说，“现在才六点半，我们将要干上长长的一整天。今天我们开始收获草料。但是另外有一件事必须首先予以关注。”

此时猪头头们才透露，过去三个月他们通过自学一本旧的拼音课本学会了读和写，那课本原先属于琼斯先生的孩子们，刚才给扔到垃圾堆上烧了。拿破仑打发手下弄来几桶黑漆和白漆，自己领头朝着通向大路的五闩大门走去。于是，由雪球（因为雪球的字写得最棒）用前蹄的两个膝关节夹起一把刷子，把大门最上端一道闩上的“庄园农场”几个字涂掉，改漆为“动物农场”。从今往后，农场就用这个名儿。完了以后，大伙回到农场居住区，雪球和拿破仑派手下去搬来一架梯子，把它靠在大谷仓一端的外墙上。猪头头们解释道，通过过去三个月的学习，他们已成功地把动物主义的原理精简为《七诫》。这七条戒律现在就要题在墙上；它们将构成一部不可变更的法典，动物农场全体动物往后的生活必须永远以这部法典为准绳。雪球颇费了些周折才爬上去（因为一口猪要在一架梯子上保持平衡可不是件容易事儿），接着开始工作，由吱嘎提着油漆桶扒在稍低几磴处。戒律用白漆大字母写在涂过柏油的墙上，从三十码以外也看得清楚。上面写的是：

七诫

1. **凡用两条腿行走的都是敌人。**
2. **凡用四条腿行走或长翅膀的，都是朋友。**
3. **凡动物都不可穿衣服。**
4. **凡动物都不可睡床铺。**
5. **凡动物都不可饮酒。**
6. **凡动物都不可杀任何别的动物。**
7. **凡动物一律平等。**

全文写得非常工整，只是 friend（朋友）一词写成了 freind，还有一个 S 写反了变成 Ƨ， 此外的拼写全部正确。雪球把全文大声朗读一遍，是给其他动物听的。所有动物频频点头表示完全赞同，其中最聪明的几位立即开始默诵《七诫》。

“现在，同志们，”雪球扔下漆刷喊道，“向草料田，出发！我们一定要比琼斯他们收割得更快，这是我们荣誉攸关的一件大事。”

有三头母牛先前一段时间看起来已经很不好受，此刻索性哞哞大叫起来。她们已有二十四小时没挤过奶，她们的乳房都快胀破了。稍加考虑后，猪头头们让手下取几只奶桶来，十分成功地为她们挤了奶——敢情猪爪子干这活儿倒是挺好使。很快，五桶冒着泡沫的高脂牛奶已经放在那儿，好多动物瞅着它们，对之怀有浓厚的兴趣。

“所有这些牛奶会怎么处置?”有一位问。

“琼斯有时候会把它们掺一些到我们的饲料里去，”一只母鸡说。

“同志们，先别管牛奶!”拿破仑喊道，同时挺身而出站到奶桶前面。“这事会得到妥善处置的。眼下收割更重要。由雪球同志先领头出发。我过一会儿就跟上来。同志们，前进！草料正等着呢。”

于是动物们整队前往草料田开始收割。到傍晚他们回来时，发现牛奶已经不见了。

第三章

他们为了把草料收割起来，真不知干得有多辛苦，流了多少汗！但他们的努力还是有了回报，因为收获取得很大成功，甚至大过他们的希望。

有时候工作很是费劲；工具都是为人而不是为动物设计的，动物不会使用要求靠两条后腿站着操作的任何工具，这是一大障碍。不过猪非常聪明，他们总能想出办法来绕过每一道难关。至于说到马，他们对每一寸土地都了如指掌，实际上对割草和耙地这些事儿，远比琼斯和他的雇工们在行。猪其实并不干活，只是指挥和监督其他动物。凭借超群的知识，他们自然会充任领导者的角色。拳击手和紫苜蓿自己套上割草机或马拉耙（嚼子和缰绳如今当然用不着了），踏着沉稳的步伐在地里绕来绕去，由一头猪在后面一边走，一边视不同情况吆喝“驾，加油，同志!”或者“吁，退后，同志!”每一只动物，包括最不起眼的在内，都参与翻草、捡草之类的活儿。就连鸡和鸭也整天在太阳下来回奔忙，用他们的嘴衔可怜的几小把干草。最终他们完成了这次收割，比琼斯和他的雇工们通常所需的时间少了两天。此外，这还是农场历来取得的最大最大一次丰收。浪费可以说一点儿都没有；鸡和鸭眼尖，哪怕落下一根草也会捡起来。农场的无论哪只动物，甚至没有偷吃过一口草。

整个夏天，农场的工作一直有条不紊，运转有如钟表。动物们都很幸福，他们从来无法想像能过得这样开心。每一口食物都是一份实实在在的快乐，就由于如今这真正是他们自己的食物，而不是由抠门的东家布施给他们的。自从毫无价值、只会当寄生虫的人们给轰走以后，每一只动物都有了更多吃的东西。休闲的时间也更多了，尽管动物们对之还不适应。他们遇到了许多困难——比如到了一年的晚些时候，收获谷物的季节，由于农场没有脱粒机，动物们不得不依老法把谷粒踩下来，靠吹气去壳。不过，猪头头凭借他们的聪明才智，拳击手则仗着其了不起的膂力，总能排除万难。拳击手受到所有动物的爱戴。即使在琼斯时代，他干活就是不怕苦不怕累，而现在他看起来更像是三匹马，而不像一匹马。有一些日子农场所有的活似乎全都落在他孔武有力的肩膀上。从早到晚，他总是推呀拉呀，哪儿的活最苦最累，哪儿一定有他。他跟一只小公鸡约定，让小公鸡早晨比为别的动物报晓早半个小时叫醒他，在一天的常规劳动开始之前，先参加一些义务劳动，只要是最需要出力的地方，干什么都行。不论碰到什么难题，不论遭遇什么挫折，他的回答照例就一句话："我会更加努力工作!"——这已经成了他的格言。

与此同时，每一只动物也都各自在从事力所能及的劳动。就以鸡和鸭为例，他们在收获季节靠捡散落的谷粒减少的损失就有一百八十升之多。没有当小偷的，没有为口粮份额发牢骚的，往日里属于生活中家常便饭的吵架、互咬、妒忌等等，几乎已经看不到了。没有旷工的，或者几乎没有。诚然，莫丽早晨素有赖床的坏习惯，还老是以石子硌脚为理由提前收工。而猫的作风又比较独特。不久大家注意到，每当有活要干的时候，却怎么也找不到这只猫。她往往一连好几个小时踪影全无，及至开饭时间或晚上活都干完了，她又重新现身，好像什么也没有发生过似的。但她每次都准备好凿凿有据的托词，而且呜噜呜噜地说得十分动听，任谁也没法不信她的一片好心。驴子老本杰明看上去打从造反以来毫无变化。他还跟琼斯时代一样慢慢腾腾、倔头倔脑地干他自己的活，从不偷懒，可也从不自愿干分外的活。对于造反及其所产生的结果，他不发表任何意见。当被问到既然如今琼斯跑了他是否比以前快乐时，他只说："驴子的寿命很长。你们中还没有谁见到过一头驴子死掉。"听到如此玄之又玄的回答，别的动物还能说些什么呢?

星期日无须工作。早餐比平日晚开一小时，餐后有一项每周无例外地都要举行的仪式。首先是升旗。雪球在挽具房里找到琼斯太太的一块绿色旧桌布，便在上面用白漆画了一只蹄子和一只头角。每个星期日上午，在农场主宅内园中被扯上旗杆的就是这块布。雪球曾解释说，绿色的旗帜代表英格兰的田野，白色的蹄子和头角标志着未来的动物共和国，这个共和国将在人类最终被推翻后兴起。升旗式之后，所有的动物列队进入大谷仓参加一个叫作碰头会的全体大会。接下来这一周的工作将在此做出安排，提出议案，进行讨论。提决议草案的总是猪。别的动物懂得如何投票，可是从来不考虑提出自己的议案。在讨论中表现最积极的无疑是雪球和拿破仑。不过，大家注意到，这二位的意见从来不一致：他俩中不论由谁提出的建议，另一位定然会加以反对。有件事儿已经定了下来，就是把果园后面的一小片牧草地留作过了劳动年龄的动物养老之家——此事本身谁也不会反对，可是在如何确定每一等级的动物退休年龄问题上，照样发生了一场暴风雨般激烈的辩论。碰头会结束时照例唱《英格兰的生灵》，下午是娱乐活动时间。

猪们把挽具房腾出来作为他们自己的指挥部。每天晚上，他们在这儿照着他们从农场主宅子里拿来的书本子学习打铁、木工以及其他各种必要的手艺。雪球还忙于发动别的动物参加各种他称之为动物委员会的组织。他干这等事可谓百折不挠，乐此不疲。他为鸡们建立产蛋委员会，为母牛成立清洁尾巴联盟，还搞起了野生同志再教育委员会(其宗旨乃是驯服大老鼠和野兔)、羊毛增白运动，还有许多别的名堂，不一而足，至于组织识字班和写字班还不计在内。就总体而言，这些计划完全归于失败。比方说，驯服野生动物的尝试，几乎立刻垮了台。他们的行为和过去一模一样，当他们得到宽厚对待时，反而觉得有机可乘。猫参加了再教育委员会，几天内表现得非常积极。一天，她被看见正蹲在屋顶上向几只麻雀说话(麻雀们所处的位置刚刚在猫够不着的地方)。猫对麻雀说，如今所有的动物都是同志了，随便哪只麻雀只要愿意，都可以走过来待在她的爪子上；然而麻雀们依旧保持着他们的距离。

不过，识字班和写字班却大获成功。到秋天，农场的每一只动物多多少少也算有了些文化。

至于猪，他们已完全掌握了阅读和书写。狗们阅读的成绩也相当不错，只是他们除了《七诫》，对于念任何别的东西一概不感兴趣。母山羊慕莉尔某些东西能念得比狗还好，傍晚时分往往把她从垃圾堆上发现的报纸残片拿来念给其他动物听。本杰明阅读的本领并不比任何一头猪差，但从不进一步锻炼他的才干。他说，据他所知，根本没有什么值得阅读的东西。紫苜蓿认得所有的字母，就是不会把字母拼成单词。拳击手才学到D，往后就迈不过去了。他会用他的大蹄子在尘土地上勾勒出A，B，C，D，然后站在那儿直勾勾地盯着它们，两耳往后一抿，时而抖一下他的额毛，拼命在想下面的字母，可是怎么也想不起来。的确，有那么几回，他也学着认E，F，G，H，但是等到他把那几个字母认下来了，却发现他把A，B，C，D给忘了。最后他决定权且先把头四个字母记牢，并且每天总要写上一两遍以期常记常新。莫丽除了构成她自己名字的几个字母以外，拒绝再学习任何东西。她会用一些细枝丫把那几个字母整齐地一一摆出来，再用几朵花儿稍稍加以装饰，然后绕着它们转圈儿欣赏，越看越觉得美。

农场里的其他动物，都没能走得比A更远。另外还发现，像羊、鸡、鸭这些比较笨的动物，没法儿把《七诫》全记住。经过深思熟虑，雪球宣布《七诫》其实可以压缩为一句格言："四条腿好，两条腿坏。"他说，这句格言包括了动物主义的精髓实质。无论谁彻底掌握了它，便能保证不受人类的影响。禽类首先提出反对，因为他们好像也是两条腿，但雪球向他们证明并非如此。

"同志们，"他说，"禽类的翅膀是主要起推进作用的器官，而不是主要起操控作用的器官，所以应当被看作是腿。人的区别性标志是**手**，人正是用它来干一切坏事的。"

禽类听不懂雪球那些冗长拗口的词语，但是接受了他的解释，于是所有那些较卑微的动物下力气背起新格言来。**四条腿好，两条腿坏**，被题写在谷仓一端的外墙上，既高于

《七诫》，而且字体更大。绵羊们一旦把这条新格言背下来后，对它激发起一种强烈的爱，往往在牧草地上一躺下，便全都咩咩地叫起来："四条腿好，两条腿坏！四条腿好，两条腿坏！"一连会叫上好几个小时，丝毫不感到厌烦。

拿破仑对雪球搞起来的各种委员会不感兴趣。他说抓小动物的教育比抓已经长大的动物的任何工作更为重要。偏巧杰茜和蓝铃铛在收割草料后不久便双双生了小狗，她俩共产下九只壮仔。小狗仔刚一断奶，拿破仑就把他们从母亲身边带走，说他要对他们的教育负责。他把小狗们弄到只能从挽具房一架梯子爬上去的一个阁楼里，对外界瞒得紧紧的，使农场的其他动物很快把小狗的存在这一茬给忘了。

牛奶不知去向之谜不久便告澄清。牛奶每天都给掺进了猪食。早苹果这会儿正在成熟，果园草坪上已散落着被风吹下的果实。动物们早就摆出一副这些苹果当然应由大家均分的架势；然而某一天有命令传来，说吹落的苹果必须收集起来送到挽具房去给猪们享用。某些别的动物于是对此做出咕咕哝哝的反应，但不起作用。在这一点上，所有的猪态度完全一致，甚至雪球和拿破仑亦然如此。吱嘎被派去向其他动物作必要的解释工作。

“同志们!”吱嘎尖声喊道。“难道你们认为，我们猪这样做是自私自利和享受特权的一种表现？我希望你们不这样想。我们有许多同志其实讨厌牛奶和苹果。我自己就讨厌它们。我们食用这些东西的唯一目的就是保持我们的身体健康。牛奶和苹果(同志们，这都是经科学证明了的)含有一口猪保持身体健康不可或缺的物质。我们猪是脑力劳动者。本农场的整个管理组织部门全都依靠我们。我们白天黑夜都在守护着你们的福祉。正是为了**你们**，我们才喝那些牛奶，吃那些苹果。要是我们这些猪无法恪尽厥责，你们可知道会发生什么？琼斯将会回来！是的，琼斯将会回来！同志们，想必……”吱嘎几乎在用恳求的语调呼吁，同时身子跳来跳去，尾巴摇个不停，“……想必你们当中没有谁愿意看到琼斯回来吧?”

如果说在某件事情上动物们的态度毫无争议的话，那就是他们都不愿意琼斯回来。如果问题以这样的角度摆到他们面前，那么，动物们再也无话可说了。让猪们保持良好的健康状态，其重要性是再显而易见不过的了。于是，大家无须继续争论便同意，让牛奶和被风吹落的苹果(再加上成熟苹果收成中的大头)，归猪们独享。

第四章

夏天过了一大半时，动物农场发生的事情，已在郡内一半地区传开。雪球和拿破仑每天放飞好几批鸽子，这些鸽子都得到指令与附近各农场的动物混在一起，把造反的故事告诉他们，并且向他们传唱《英格兰的生灵》的曲调。

这些日子琼斯先生大部分时间都消磨在维林敦的红狮酒吧，向每一个愿意听的人诉说自己遭遇的弥天不公，居然被一帮狗屁不如的畜生从自己的农庄里扫地出门。别的农场主从道义上都表示同情，但刚开始时并没有给他太多帮助。他们每个人心中都在盘算，自己也许有可能设法从琼斯的不幸中捞到好处。所幸与动物农场毗邻的两家农场业主彼此间素来不睦。一家名叫狐苑的，是一座老式大农场，长期疏于管理，到处杂树丛生，牧场地力耗尽，树篱无人整修。它的主人皮尔金顿先生是一位逍遥派乡绅，大部分时间都消磨在钓鱼或狩猎上——视季节而定。另一家农场名为撬棍地，面积小些，经营状况却要好些。业主弗雷德里克先生是个凶横而又狡诈的人，接连不断地卷入词讼，以狠宰对手和特别难缠出名。他们二人互相憎恶到这般地步，以致对他们来说想达成任何协议都十分困难，即便事关保护他们双方的利益也同样如此。

不过动物农场造反的消息还是把这二位都吓坏了，急煎煎地只想阻止他们自家的动物获悉太多这方面的情况。一开始，他们还故作镇静，认为动物居然想要自己管理农场这个主意太可笑了。他们说，这场风波顶多闹上两个星期就会过去。据他们估计，庄园农场（他们坚持使用旧称；他们无法容忍“动物农场”这个名称）的牲口必将没完没了地打架互殴，而且很快都会饿死。及至一段时间过去了，那里的动物显然没有饿死，弗雷德里克和皮尔金顿又改腔换调，开始谈论目下在动物农场可怕的兽行妖风甚炽。据称那里的动物已在不折不扣地食同类之肉，用烧红的马蹄铁互相施虐，对雌性配偶实行共有。这是违背自然法则悍然造反带来的必然结果，弗雷德里克和皮尔金顿如是说。

这些离奇的故事说归说，但人们从来没有完全信以为真。至于有一个很不寻常的农场，那里的人都给轰走了，动物自行管理他们自己的事务——这等传闻倒是一直不绝于耳，虽则语焉不详，而且走样得厉害。总之，整整一年里头，一股造反的浪潮已席卷乡村。一向很听使唤的公牛一下子野性勃发；绵羊撞倒树篱，把苜蓿地吃得一片狼藉；母牛踢翻奶桶；行猎马拒绝跃过栅栏，却把骑者甩了过去。最不可思议的是，《英格兰的生灵》的曲调乃至歌词，到处都在传唱，其传播速度之快，着实令人吃惊。人们听了这首歌，尽管表面上嗤之以鼻，其实按捺不住一腔怒火。他们说，简直无法理解这等货色怎么会大行其道，就算是动物也不应该堕落到去唱如此可恶的垃圾。所以，凡是动物唱这首歌给逮住，就得当场挨一顿鞭子。可是这首歌依然压不下去。黑鸟在树篱中打的唿哨是这支歌，鸽子在榆树丛里咕咕地叫着的也是它，它渗透进了铁匠铺的打铁声和教堂钟鸣的音调。人们倾听这歌声，禁不住暗暗打寒颤，似乎从中听到了他们自己在劫难逃的预告。

十月初，谷物已收割完毕，堆成垛，部分已经脱粒，这时，有一群鸽子飞旋着穿空而过，降落到动物农场的院子里，神色万分紧张。原来是琼斯带领他所有的雇工，再加上来自狐苑和撬棍地的另外六名人手，已进入有五道闩的大门，正沿着通农场的马车道走来。他们全都手执棍棒，只有带队的琼斯手中拿着一支猎枪。显然，他们是企图夺回农场而来。

此举早在预料之中，而且一切准备工作也都做好了。雪球研究过从农场主宅内发现的一本旧书，是关于恺撒大帝历次重大战役的，故而防御战事由他来指挥。他迅即发布一道道命令，才几分钟时间，每一只动物都已进入自己的战斗岗位。

当来犯的人们逼近农场居住区时，雪球发动了他的第一次攻击。为数多达三十五羽的一群鸽子倾巢出动，在人们头顶上方飞来飞去，从半空中冲他们劈头盖脸拉下屎来。正当人们在闪躲鸽粪的时候，藏匿在树篱后面的一大群鹅，冲了出来狠啄人们的腿肚子。不过，这仅仅是一次小接触，旨在制造一点小小的混乱，人们用棍棒一阵挥舞就把鹅赶跑了。接下来雪球开始启动他的第二轮攻击。慕莉尔、本杰明加上所有的绵羊，在雪球率领下向前，猛冲，从四面八方用尖角戳、用脑袋撞来犯者，其时本杰明则转过身去用他小小的后蹄尥蹶子。但他们再次不敌人们的棍棒和带钉的靴子；忽然间，随着雪球发出作为撤退信号的一声喊叫，动物们一齐掉过头去从大门口退入院子。

来犯者发出一阵得胜的欢呼。他们按自己的想像一看，见敌方正在溃逃，对己方的人员部署未加调整便贸然追击。这恰恰中了雪球的计谋。来犯者刚进入院子深处，三匹马、三头母牛以及所有的猪原先就埋伏在牛棚里，此刻突然出现在来犯者的后方，正好把敌人的退路切断。雪球这才发出冲锋信号。他自己直扑琼斯。琼斯见他扑上来，举枪就放。铅沙弹擦着雪球的背部划出几道血痕，一只羊却倒下去死了。雪球甚至没有一刹那的犹豫，便把自己这二百多磅直冲琼斯的两条腿猛撞过去。琼斯给抛进一个畜粪堆，他的猎枪也从他手中飞了出去。但是模样最最吓人的要数拳击手，他后腿着地前身竖立起来，像一匹种马挥舞着钉有铁掌的两个大蹄子。他击出的第一拳就打在来自狐苑的一名马倌脑袋上，后者直挺挺倒在泥浆里一动不动。有几个来犯者见势不妙，纷纷扔下棍棒，打算落荒而逃。他们给吓得魂灵出了窍，紧接着，全体动物一起撵着他们在院子里绕着圈儿跑。人们一个个都饱受顶撞、踹踢、齿咬和踩踏。农场的每一只动物无不各显神通向人们进行报复。就连那只猫也一下子纵身离开屋顶跳到一名牛倌肩膀上，把爪子插进他的脖子，疼得那牛倌没命地惨叫。有一眨眼的工夫，并无动物堵在门口，喜出望外的来犯者瞅准时机冲出院子，朝着大路的方向逃之夭夭。就这样，这次入侵没有超过五分钟，人们便从他们来的那条路上很不光彩地仓皇败退，后面还有一群鹅发出嘘声紧追不舍，一路尚且频频啄他们的小腿。

所有的人都走了，只有一个除外。那马倌脸朝下躺在泥浆中，回到院子里的拳击手正用蹄子轻轻触摸着他，尝试着想把他翻过身来。马倌一动也不动。

“他死了，”拳击手悲伤地说。“我没有这样做的本意。我忘了自己穿着铁靴子。谁会相信我不是故意干了这件事?”

“不必伤感，同志!”自己身上有几处伤口还在滴血的雪球说。“战争就是战争。只有一种人是好的，那就是死人。”

“我不愿杀生夺命，甚至不愿伤害人的生命，”拳击手一再重申，两眼噙满了泪水。

“莫丽到哪儿去了?”有动物惊呼。

莫丽确实不见了。一时间动物们大起恐慌；大家担心那帮人也许会用什么手段伤害她，甚或把她掳走。不过最后发现原来她躲在自己厩内，把脑袋埋在马槽的草料之中。刚才枪声一响，她撒腿就逃。及至其他动物找到她以后回到院子里，发现那马倌此前其实只是被打昏了，现已苏醒过来后离去。

动物们重又聚集到一块儿，心情之激奋达于极点，每一位都扯开嗓门一而再、再而三地列举自己在刚才那一仗中的赫赫战功。一场未经筹备的祝捷庆功会说开就开。旗帜升起来了，《英格兰的生灵》一连唱了多遍，给被枪打死的那只羊举行了庄严隆重的葬礼。雪球在墓旁发表简短讲话，强调所有的动物都须做好准备为动物农场献身，如果有此必要。

动物们一致通过决定设立军功勋章。“一级动物英雄”勋章就在彼时彼地颁发给雪球和拳击手。那是一枚铜牌(实际上从挽具房里找到过好几块旧的铜质马饰)，以便在星期天和节假日佩带。另有“二级动物英雄”勋章一枚被追授与牺牲的绵羊。

围绕着这一仗该取个什么名儿，大家议论纷纷。末了它被命名为牛棚战役，因为伏兵正是从那里杀出来的。琼斯先生的猎枪被发现掉在泥浆里，动物们得知农场主宅内还有备用的枪弹。于是决定把那支猎枪架靠在旗杆脚下，就当它一门礼炮，一年鸣放两回：一回在 10 月 12 日，纪念牛棚战役；一回在 6 月 24 日施洗约翰节，纪念动物造反。

第五章

随着冬季的临近，莫丽招惹的麻烦也变得越来越多。每天早上她出工老是迟到，她为自己开脱的理由无非说她睡过了头，还抱怨身上莫名其妙地这儿疼那儿疼，尽管她的胃口奇佳。她会找各种各样的借口逃避劳动，来到饮水池边，站在那儿痴呆兮兮地凝望着水中她自己的倒影。但是另外有些流言涉及的问题更非无足轻重。一天，莫丽摆动着她的长尾巴，口中嚼着一根干草，潇潇洒洒地走进院子时，紫苜蓿把她拉到一旁。

“莫丽，”她说，“我有件非常严肃的事要对你说。今天上午我看到你朝着把动物农场跟狐苑隔开的那道树篱另一边张望。皮尔金顿先生的一名雇工当时正站在树篱的另一边。而且——我离得比较远，但我几乎可以肯定我看见了——他在跟你说话，你还让他抚摩你的鼻子。那究竟是怎么回事，莫丽?”

“他没有！我也没有！这不是真的!”莫丽喊道，并开始连连腾跳，用蹄子刨地。

“莫丽！正面看着我。你敢不敢用名誉做担保那个人没有抚摩过你的鼻子?”

“这不是真的!”莫丽一再重复这句话，但她却不敢正面看紫苜蓿。随后她拔腿就逃到田野里去了。

紫苜蓿想出了一个主意。她什么也没有告诉别的动物，径自走到莫丽厩里，用蹄子把干草全翻过来。藏在干草下面的有一小堆方糖和好几扎各种颜色的缎带。

三天后，莫丽失踪了。好几个星期关于她的行踪音信全无。后来鸽子报告说，他们在维林敦的另一边见到过她。莫丽套着一辆漆成红黑双色的漂亮双轮车，停在一家酒馆外面。一个穿格子短裤、裹着绑腿的红脸胖子，看上去像酒馆老板，正抚摩着莫丽的鼻子，给她喂糖块。她的毛新近刚修剪过，额头上系着一条猩红色的缎带。她看上去挺得意——这是鸽子说的。动物中再也没有谁提到莫丽。

一月份的气候苦寒难熬。土板得像铁块，地里什么活也干不成。大谷仓里已开过好多次会，猪们忙于制定该季节的工作计划。大家都已认同，事关农场方针大计的所有问题，都由显然比其他动物更聪明的猪们去解决，虽然他们的决定必须得到多数票批准。要不是雪球和拿破仑之间老是争论不休，上述安排本可推行得相当顺利。这二位在可能发生分歧的每一点上没有不发生分歧的。如果他俩中的一位提议播种更多面积大麦，另一位肯定要求扩大燕麦的播种面积；如果一位说如此这般的一块地种圆白菜正合适，另一位就会断言那儿除了种胡萝卜之类的根用作物外毫无用处。每一位都有自己的追随者，两派之间曾有过几回唇枪舌剑的交锋。在碰头会上，雪球凭其精彩的演说往往赢得多数，但拿破仑有时候更长于为自己拉票争取支持。他在绵羊中间特别吃得开。近来，绵羊们爱上了咩咩地唱“四条腿好，两条腿坏”，却不问是否合乎时宜，他们常使出这一招来打断碰头会。有动物注意到，每当雪球发言到达某些节骨眼时，绵羊们特别偏爱冷不防放声歌唱“四条腿好，两条腿坏”。雪球从农场主宅内找到了一些过期的《农场主与畜牧场主》，对这几本杂志做过仔细研究，脑袋里装满了革新和改进的计划。他谈起农田排水管、青饲料、碱性渣来可谓头头是道，他已设计出一套复杂的系统，让所有的动物把他们的粪便每天从不同的地点直接排入农田，以节约马车装运的劳动。拿破仑从不搞他自己的设计方案，却总是阴阳怪气地说雪球的方案将不会有任何结果。看起来拿破仑在等待时机。但在他俩所有的争议中，最激烈的莫过于围绕风车问题爆发的一场论战。

在离农场居住区不远的长形牧草地那儿，有一座成为农场制高点的小山丘。雪球察看过地形后，认定这恰恰是适宜造一座风车的地方，可以安一台发电机组为农场供电。电除了为厩棚提供照明，冬天又可供暖，还能让圆锯、铡草机、甜菜切片机和电动挤奶机转起来。动物们过去从未听说这等新鲜事(因为这是一家老式农场，只有一些最简陋的机械)，所以当雪球变魔术一般描绘一幅幅来日美景时，他们都听得如醉如痴，在想像中看到各种神奇的机器替代他们干活，他们自己只消在田野里悠闲地吃草，或通过阅读交谈裨益心智。

仅在数星期内，雪球的风车计划已完全搞出来了。机械方面的细节来自原先属于琼斯先生的三本书：《实用家居应知应会一千条》、《自己动手砌墙砖》以及《电工入门》。

雪球把一度放孵化器的一间棚屋充当他的工作室，因为那里铺着光滑的木地板，可作绘图之用。他猫在里边往往一呆就是几个小时。他的书一本本打开着放在那儿，靠一块块石头压住，他用前蹄的膝关节夹住一支粉笔，很快地走来走去，一边绘图，一边激动地发出短促的呼哧之声。那些设想逐步变成错综复杂的一大堆杠杆和齿轮，几乎覆盖了大半间棚屋的地板，在别的动物眼里完全不知所云，但显得非常了不起。动物们至少一日一次要来看雪球绘的图。就连鸡鸭也每天必到，只是苦于不让踩那些粉笔印记。唯独拿破仑保持漠然置之的姿态。他从一开始就表明自己反对搞风车。然而有一天，出乎大家意料之外，他竟到那里检查计划去了。他在棚子里挪动沉重的躯体转了几圈，仔细看了平面图的每一处细节，使劲嗅了几下，接着站住片刻，仅用眼梢打量着它们；随后突然抬起一条腿，冲那些平面图撒了一泡尿，便扬长而去，一句话也不说。

整个农场在风车问题上陷入深刻的分裂状态。雪球并不否认建造风车是一项困难重重的工程。需要开采石头，砌墙，做风车的翼板，往后还需要发电机和电缆。（怎样才能搞到这些东西，雪球没有说。）但他坚持认为一切都可以在一年内完成。他断言，到那时大量劳力可以节省下来，动物们每周只需工作三天。相反，拿破仑却辩称，目前的当务之急是增加粮食生产，倘若把时间浪费在风车上头，他们都得饿死。于是动物们在不同的口号下分成两大派：一派的口号是“拥护雪球和每周三天工作制”；另一派的口号是“拥护拿破仑和槽满粮”。本杰明是不属于任何一派的唯一动物。他既不信粮食会更加丰富，也不信风车能节省劳力。他认为，要风车也罢，不要风车也罢，日子一直是怎么过的，往后还得怎么过——也就是说，过得很糟。

除了围绕风车的争论以外，还存在着农场的防卫问题。大家充分认识到，虽然在牛棚战役中人们吃了败仗，但仍有可能发动更坚决的拼死一搏，以图夺回农场，让琼斯先生复辟。那帮人比以前有更多的理由这样做，因为他们吃败仗的消息已传遍十里八乡，令附近各处农场的动物变得从未如此桀骜不驯。雪球和拿破仑照例意见相左。按照拿破仑的看法，动物们该采取的措施是搞到枪支并且学会使用。按照雪球的看法，他们必须放飞更多鸽子，并在其他农场的动物中间煽风点火鼓动造反。前者的论点是：假如动物们不能自卫，他们只有被征服的份儿。后者的论点是：假如到处发生造反，动物们就无须乎进行自卫。动物们先听拿破仑的主张，接着听雪球的见解，却无法断定哪种观点是对的。其实，他们此刻正在听哪一位发言，必定会发现自己认为这一位说的有理。

终于到了那一天，雪球把蓝图搞出来了。要不要开始建造风车的问题，将在次日的星期天碰头会上进行表决。动物们在大谷仓里聚集完毕后，雪球站起来发言，虽然间或被绵羊们的咩咩声所打断，他还是摆出了主张造风车的一条条理由。接着是拿破仑站起来提出反对意见。他胸有成竹地说，风车纯属无稽之谈，他奉劝大家不要投赞成票，旋即重又坐下；他的发言仅仅用时30秒，至于效果如何，他好像根本不在乎。雪球一听，立即蹦了起来，他先喝令又咩咩叫起来的绵羊们闭嘴，继而发表一篇充满激情的演说，呼吁与会者投票支持建造风车。此前动物中持赞成和反对态度的数目大致相等，可是转眼间雪球的口才使他们失去了自持。又脏又累的劳动重负从动物背上卸去以后，到那时动物农场将会出现怎样的景象——雪球用神采飞扬的语言描绘的正是这样一幅图画。现在他的想像力已把铡草机、萝卜切片机之类远远甩在后面。他说，电力不但可以让每一个厩栏拥有自己的电力照明、冷热水、电热器，还能够使脱粒机、犁铧、耙子、碾子、收割机、捆草机一一转动起来。到他结束这篇演说的时候，投票的走势已经不存在什么悬念了。但就在这个当口儿，拿破仑站起身来，斜对着雪球瞄了他异乎寻常的一眼，随后发出一声调门极高的嚎叫，以前任谁也从未听到过他发出这样的嚎叫。

会场外面顿时响起一片价惊心动魄的狺狺狂吠声。九条戴着铜钉颈套的庞然大狗向谷仓里冲了进来。他们朝雪球直扑过去，后者全靠及时纵身一跃从所处的位置跳开，才逃过那九副铮铮利牙这一劫。刹那间，雪球已到了门外，九条狗立即追上去。动物们愕然不知所措，全都吓得说不出话来，纷纷挤到门外去看这场追逐。雪球正狂奔着穿过那块通大路的长形牧草地。也只有猪才能如此奔跑，但那些狗紧追不舍。突然间，他滑倒了，看来这下肯定要落入九条狗掌中了。然而猪重新爬起来，跑得比任何时候更快，于是狗们又逼得越来越近，其中一条的钳口几乎已经夹住雪球的尾巴，但雪球死命一甩，总算及时挣脱。紧接着，猪倾全力作出惊险绝伦的最后冲刺，就差那么几英寸，终于钻过树篱的一个豁口侥幸脱身，一下子消失得无影无踪。

惊魂未定的动物们爬回到谷仓里，一个个都默不做声。转眼间，那些狗也都连蹦带跳跑了回来。起初，谁也想像不出这九条狗是哪来的，但这一疑团很快就给解开了：那正是拿破仑从他们的母亲那儿带走并秘密私养的九只小狗。尽管尚未完成长足，可已俨然是九条庞然大犬，且凶相十足，像一群恶狼。他们紧挨在拿破仑身边。有动物注意到，他们朝着拿破仑摇尾巴的神态，跟另一些狗过去惯于向琼斯先生做的姿态一个样。

背后跟着这群狗的拿破仑，这会儿登上了往日少校站着发表演说的那个隆起的平台。他宣布，从今往后星期日上午的碰头会不再举行。他说，开这种会毫无必要，纯属浪费时间。今后，有关农场运作的所有问题，将由一个专门委员会做出决定，其成员均为猪，由他亲自担任主席。猪委员们将秘密开会，以后再把他们的决议向其他动物传达。动物们在星期日上午仍将聚集在一起向农场的场旗致敬，唱《英格兰的生灵》，接受下达给他们的一周工作任务；但不再需要加以讨论。

雪球遭到驱逐一事固然把大家都震蒙了，可动物们听到刚才宣布的这些决定仍感到十分沮丧。某些动物本想提出抗议，偏偏又找不到言之成理的论据。甚至拳击手也隐约感到这事儿麻烦大了。他拢起两只马耳朵，把前额晃了好几下，力图把自己的种种想法理出个头绪来，但末了还是想不出该说些什么。有几口猪自己倒是有一些语言表达能力。坐在前排的四口肉用小猪尖声尖气地做出了不赞成的表示，他们四个霍地一跳全都站将起来，同时开始发言。但坐在拿破仑周围的九条狗蓦地发出低沉而又凶险的吠声，小猪们顿时不敢吱声，重又坐了下来。此时绵羊们以吓人的咩咩声开始大喊“四条腿好，两条腿坏!”——如此持续将近一刻钟之久，导致试图讨论问题的任何努力统统无疾而终。

事后，吱嘎被派往农场各处转了一圈，就新做出的安排向其他动物进行解释。

“同志们，”他说，“拿破仑同志挑起了这副额外的重担，我相信这里的每一只动物都高度评价他所做出的牺牲。同志们，别以为当领袖是件开心事儿！相反，这是一份深层次、沉甸甸的职责。没有谁比拿破仑同志更坚定地相信所有动物一律平等。他巴不得能让你们自己为自己做出决定。但有时候你们可能会做出错误的决定，同志们，那时我们将陷于何种境地？试想，假如你们决定跟着雪球走，去做他的风车白日梦——那么，雪球，这个据我们现在所知比罪犯好不到哪儿去的雪球……”

“他在牛棚战役中作战很勇敢，”有动物说。

“光勇敢是不够的，”吱嘎说。“忠诚和服从更为重要。既然谈到了牛棚战役，我相信总有一天我们会发现雪球在其中所起的作用被夸大得厉害。纪律，同志们，铁的纪律！那才是今天的口号。只要走错一步，我们的敌人又会骑到我们头上来。同志们，你们总不要琼斯回来吧?”

这个问题再次成为一条无可辩驳的硬道理。动物们当然不要琼斯回来；如果说星期天上午的讨论有可能导致琼斯卷土重来的话，那么讨论必须停止。拳击手这会儿已经有时间把一件件事情仔细想过，便说了如下一句代表大家感受的话:“既然拿破仑同志这样说，那肯定错不了。”从此他就一直把“拿破仑永远正确”当作自己的信条，给他个人老挂在嘴上的那句“我会更加努力工作”又添上一句格言。

那时苦寒已告结束，春耕开始了。雪球在那儿为他的风车计划绘制蓝图的一间棚屋已被关闭，并且假装画在地上的平面图也已擦掉。每个星期日上午十点，动物们聚集在大谷仓里接受本周的任务。老少校的那颗已无肌肉剩下的脑壳，从果园里被挖掘出来置于旗杆下一个树桩上，就在猎枪旁边。升旗后，要求动物们必须排成单列纵队恭恭敬敬地从脑壳前边走过去，然后进入谷仓。如今他们已不像过去那样大家坐在一起。拿破仑、吱嘎，加上另一口叫做小不点儿的猪（后者在写诗谱曲方面具有很可观的才能），坐在隆起的平台最前面，九条尚在青少年的猛犬在他们周边围成一个半圆形，别的猪坐在后面。其余的动物面朝他们而坐，要占去谷仓的大部分面积。拿破仑按照大兵的粗线条作风把一周的命令宣读完毕，仅唱了一遍《英格兰的生灵》，所有的动物便统统散去。

在雪球遭罢黜后的第三个星期天，动物们颇感意外地听到拿破仑宣布风车最终还是要造。他并没有提出任何理由说明自己为什么改变主意，只是警告动物们这项额外的任务非常艰巨，甚至有可能必须削减他们的口粮。然而筹备工作直至每一个细节都已安排就绪。过去三周内，由猪组成的专门委员会一直在抓这件事。建造风车加上其他各种改进项目预计需花两年时间。

那天晚上，吱嘎私下向另外一些动物透露，拿破仑其实从来没有反对这风车计划。相反，正是他一开始力主建造风车，而雪球曾经画在孵化器棚内地上的草图实际上是从拿破仑的文档中偷走的。风车确实是拿破仑自己的创造。有动物问道，那他干吗在发言中又如此强烈反对造风车？这时吱嘎的表情显得十分诡异。他说，那恰恰是拿破仑同志的高明之处。他**表面上好像**反对造风车，那纯粹是作为排除雪球的一种迂回战术加以运用，因为雪球是一个危险的角色，又有相当坏的影响力。如今雪球已然失势出局，计划便可以向前推进而不受他的干扰。吱嘎指出，这就是所谓的策略。他接连重复了好几遍："策略，同志们，策略！"同时绕着圈儿跳来蹦去，开心地笑着摆动尾巴。动物们对于"策略"这个词儿还不甚了了，但吱嘎说起来却是那么富有说服力，而碰巧也在吱嘎身边的三条狗叫起来又如此显示其威胁力，于是动物们没有再问什么便认可了他的解释。

第六章

那一年动物们自始至终像奴隶一般在干活。但他们干得舒心；他们舍得出力，不怕牺牲，清楚地意识到自己做的一切无不为了他们自己的福祉，也是为了他们同类及其后代的福祉，而不是为了一帮不劳而获、专事偷盗的人。

整整春夏两季，他们每周都要干 60 小时，到了八月份，拿破仑宣布以后星期天下午也得照常干活。这种劳动严格遵循自愿原则，但凡是不参加的动物就得减去一半口粮。即便如此，有些任务仍然完不成，不得不留下尾巴。那年的收成略差于上一年，有两块地本应在夏初种上块根植物，却由于未能及时翻耕而无法播种。可以预见，即将到来的冬季日子不会好过。

风车工程遇上种种没有预料到的困难。农场拥有一处不错的石灰石采矿场，在一个棚子里还发现存有大量沙子和水泥，按说造风车所需的材料手头都有。但动物们首先解决不了的问题是怎样把石头砸成尺寸合适的小块。看来除了用镐和撬棍没法干这活，而这些工具动物都不会使，因为动物不能用后腿站立。在白费了几周力气之后，才有动物想到正确的主意——说白了就是利用地心引力的作用。巨大的圆石因体积过于庞大而无法直接利用，都躺在矿床里闲置着。动物们用绳索拴住石头，然后全体出动，牛们，马们，羊们，凡是能抓住绳子的任何动物——有时候在紧要关头连猪也来出把力——他们以简直无法想像的慢速度把石头沿斜坡拖到采矿场坡顶上，从崖边推下去摔成碎块。运输已经摔碎的石块就比较简单了。马一车一车地把碎石拉走，单块儿的羊可以拖，就连母山羊慕莉尔和驴子本杰明也结成轭伴合拉一辆旧的双轮轻便车。到夏末已经累积下够多的石块，建造工程在猪的指挥下于是开始。

但这是一个进度十分缓慢、劳动强度极大的过程。往往耗费一整天的努力仅仅把一块大圆石拖到坡顶，偏偏有时候从崖边推了下去却没有摔碎。拳击手的力气好像有其余所有动物的力气合在一起那么大，要是没有他，那就什么也干不成。每当大圆石开始下滑，动物们发现自己被倒拽着往坡下掉，急得拼命喊叫的时候，总是拳击手使劲儿死死往上拉紧绳子才把大圆石刹住。看到拳击手寸步难移地咬紧牙关努力上坡，呼吸不断加快，蹄尖子牢牢抓住地面，两侧硕大的躯体完全被汗珠覆盖，动物们无不对他满怀钦佩。紫苜蓿有时提醒他多多保重，别太劳累过度，但是拳击手从来不听她的。他的两句口头语——“我会更加努力工作”和“拿破仑永远正确”——他认为用于回答什么问题都合适。他又跟小公鸡有了新的约定，要小公鸡清晨提前三刻钟叫醒他，而不是原先的半小时。他会利用提前起床的这点儿时间(如今这样的余暇已经不多)，独自前往采矿场，捡起地上的碎石装满一车，在没有谁帮他一把的情况下拉到选定建造风车的地点去。

整个夏季，动物们的日子过得还不算太坏，尽管他们的活很辛苦。如果说他们得到的食物并不比琼斯时代多，至少不比那时少。因为只须养活自己，无须另外供养五个生活糜费的人——这种优势非常之大，足以抵偿好多挫折和失误。在许多方面，动物办事的方式效率较高，且节省劳力。例如清除杂草之类的活，就能干得彻底干净，那是人类无法比拟的。再者，鉴于动物现在没有偷窃行为，没有必要把草场和耕地隔开，从而省下保养树篱和门户的劳力。不过，随着夏天渐渐过去，各种各样没有预见到的短缺也开始露头。农场需要煤油、钉子、绳子、狗吃的饼干、钉马掌的铁，这些东西农场都不能生产。稍后还将需要种子和化肥，且不说各类工具以及最后需用于建造风车的机械设备。这些物资怎样才能弄到，谁也无法想像。

一个星期天上午，动物们聚集到一起接受任务。拿破仑宣布，他决定实行一项新政策。从今往后，动物农场将同附近别的农场进行贸易往来——当然不是为了达到任何商业上的目的，而只是为了获得某些迫切需要的材料。他说，建造风车的需要必须压倒其他一切需要。为此他打算卖掉一垛干草和部分当年的小麦收成，以后如果还需要花钱，就得靠卖鸡蛋弥补缺口，反正鸡蛋在维林敦一直有销路。拿破仑说，母鸡应当愉快地承受这样的牺牲，作为她们自己对建造风车的贡献。

动物们再次意识到一种不可名状的不自在感觉。永远别跟人类打交道，永远不要参与买卖交易，永远不要使用货币——自从琼斯被驱逐后，在第一次胜利的碰头会上最早通过的一些决议中，不是明明有那几条的嘛？所有的动物都没有忘记当初通过这些决议时的情形，或者说，至少他们认为自己还没有忘记。曾经反对拿破仑取消碰头会的四头青少年猪，此刻怯生生地提高嗓门似有话说，但他们一下子被那些猛犬凶巴巴地喝住，只得噤若寒蝉。正当其时，绵羊们照例开始咩咩地大唱其“四条腿好，两条腿坏”，片刻的尴尬就这样掩盖了过去。最后，拿破仑举起他的一只前蹄示意噤声，并宣布他已经做好一切安排。将来无须任何动物去干这件大家显然最不愿意干的事——跟人类接触。他打算把全副重担都压在自己肩上。住在维林敦的一位律师温珀先生，已同意充当动物农场与外部世界之间的中介，他每星期一上午会到农场来接受指示。拿破仑结束发言时照例喊了一声“动物农场万岁!”，在动物们唱完《英格兰的生灵》后宣布散会。

事后吱嘎到农场各处转了一圈，设法打消动物们的疑虑。他向动物们保证，说什么不得参与贸易、不得使用货币的决议从未获得通过，甚至没有谁提过这样的议案。这纯粹是一种臆想，追起根来可能最初出自雪球散布的谣言。有少数动物仍然感到吃不太准，但诡计多端的吱嘎向他们问道："同志们，你们能肯定这决不是你们梦中发生的事，后来又信以为真？你们有没有这样一份决议的文字记录？有没有写在什么地方的书面材料？"由于确实不存在这样一类的任何记载，动物们也就承认是他们自己搞错了。

温珀先生按照事先的约定每周一来到农场。他神情诡秘，身材矮小，两鬓蓄有络腮胡子，作为一名律师，业务规模很小，但足够精明，能够早于其他任何人认识到动物农场需要一名经纪人，而佣金也并非微不足道。动物们怀着一种类乎忧惧的心理状态观察此人来了又走，走了又来，并且尽可能避开他。虽然如此，动物们看到拿破仑四足着地竟在给用两条腿站立的温珀下命令，一种自豪感便在他们心中油然而生，也使他们对这项新举措的抵触情绪有所缓解。动物与人类的关系现在跟过去已不完全一样。人类对动物农场的敌视并不因后者欣欣向荣而稍有减弱；相反，人类比以往任何时候更加敌视这个农场。每一个人都抱定一种信念：这个农场迟早要破产，而最没有疑问的一件事便是造风车必将以失败告终。人们在酒馆里见面时，每每通过画图表相互论证，风车的垮台早已注定，或者就是造了起来也永远运转不了。

然而，动物们正在有效地管理自己的事务这一点，使人们违背自己的意愿对之产生了一定的敬意。这方面的一个迹象，乃是人们提到动物农场时开始使用其正式名称，不再故意强调它原先叫做庄园农场。人们还放弃了支持琼斯的立场，而后者对于夺回他的农场也已不存什么希望，干脆住到本郡内的异地他乡去了。除了通过温珀，目下在动物农场与外界之间尚无接触，但不时有传闻提到，拿破仑即将跟狐苑的皮尔金顿先生或撬棍地的弗雷德里克先生达成一项确定无疑的商务协议——但绝对不是跟这二人同时成交，这一点已经被注意到了。

大概也就在那时候，猪们一下子搬进了农场主的住宅，把那里作为他们的宿舍楼。动物们再次想起早先好像曾通过禁止这种行为的一项决定，而吱嘎又再次有能耐使大家相信问题不在于此。他说，作为农场首脑部门的猪应当有一个安静的工作场所，这是绝对必需的。住楼房比住猪圈也更符合领袖尊贵的身份（近来吱嘎提到拿破仑时已惯于使用“领袖”这一头衔）。话虽如此，某些动物仍然给闹糊涂了，因为他们听说猪们不单单在厨房里用餐，并把起居室当作娱乐室，而且还睡在床上。拳击手对此照例不置可否，只说了一句："拿破仑永远正确！"但紫苜蓿认为她记得确有明文规定不得睡床这一条，便走到谷仓一端的外墙下冥思苦想，力图破解写在那里的《七诫》之谜。她发现自己顶多只识得个别字母，根本不会拼读，于是去把母山羊慕莉尔找来。

"慕莉尔，"她说，"把第四诫念给我听。上边有没有永远不准在床上睡觉的话？"

慕莉尔费了些劲儿才拼读出来。

"上边说的是'凡动物都不可睡床**铺被单**'，"她终于郑重宣布。

这就怪了，紫苜蓿居然不记得第四诫提到过被单；但既然都写在墙上了，那一定就是这样的。此刻，吱嘎在两三条狗陪同下恰好经过那里，他有的是从正确的角度透视整个问题的本领。

"同志们，看来，"他指出，"你们已经听说，我们猪现在睡到农场主住宅的床上去了，是不是？干吗不睡？莫非你们以为什么时候有这一条针对**睡床**的禁令不成？床的意思仅仅是睡觉的地方而已。从正确的观点来看，圈棚里的一堆干草同样是床。戒律针对的是**被单**，因为那是人类的发明。我们已经把被单从农场主宅内的床上撤去，睡在上下两条毯子中间。那也是非常舒适的床铺！但是，我可以告诉你们，同志们，考虑到眼下有那么多伤脑筋的工作都得由我们去做，这还够不上我们所需要的舒适程度。你们不至于想要剥夺我们休息的权利吧，同志们？难道你们要把我们累得没法履行我们的职责不成？你们中不会有谁愿意看到琼斯回来吧?”

在这个问题上动物们立刻向他明确表态，要他放心，尔后，关于猪睡农场主宅内的床这件事，就不再有谁谈论了。过了几天，总部宣布从今以后猪每天早晨要比其他动物晚一小时起床，通知下达时，同样没有谁发牢骚。

到了秋天，动物们已经够累了，但心情还算愉快。他们已经辛辛苦苦干了一年，在卖掉部分草料和谷物之后，过冬的粮食储备自然谈不上十分富足，不过风车足以补偿一切。这项工程差不多已建成一半。收割结束后，有很长一段时间天气持续晴朗干燥，动物们干得比以往任何时候更卖力，心想，拖着大块大块的石头终日劳碌，来回奔忙还是值得的，只要他们这么干又可以把墙增高一英尺。拳击手甚至夜里也经常出来，借着秋收满月①的清辉，自行其是干上一两个小时。动物们利用难得的余暇围绕建成近半的风车走了一圈又一圈，赞赏那一堵堵墙体如此坚固、笔直，惊叹他们居然有能力建造这般雄伟壮丽的工程。只有老本杰明不愿被风车搅得头脑发热，他一仍旧贯，除了“驴子的寿命很长”这等玄之又玄的隐语外，还是闭口不言。

十一月来临，西南风刮得很猛。工程不得不停下来，因为现在雨水太多，湿度太大，无法搅拌水泥。越变越坏的天气到一天夜里终于导致狂风大作，农场居住区连地基一起摇晃，谷仓屋顶上一些瓦片被刮走。母鸡惊醒过来吓得咯咯直叫，因为她们同时做了个相同的梦，听到远处一声枪响。翌晨，动物们从圈棚里出来，发现旗杆已被风刮倒，果园坡下的一棵榆树像个圆萝卜给连根拔起。他们刚刚目睹此情状，又耳闻一片绝望的哀号发自每一只动物的喉咙。原来是一幅更可怕的景象映入他们的眼帘：风车坍塌成了一片废墟。

他们全体一致冲向出事地点。走路向来不紧不慢、难得

① 秋收满月，原文 harvest moon 指离秋分最近（通常不超过两周）的一次满月，因一般情况下正值秋收时节，故名，时间与我国传统的中秋月圆往往重合。

超过步行速度的拿破仑，这回跑在所有动物的最前头。是啊，所有动物的奋斗成果，竟倒在那儿，被夷为平地，他们辛辛苦苦砸开运来的石块散落得满地狼藉。他们起初都说不出话来，站在那儿悲痛地直瞪瞪望着倒塌的大堆乱石。拿破仑默默地来回踱步，偶尔嗅嗅地上的气味。他的尾巴变成僵直的一条，抽筋似地从一边遽然甩到另一边，这在他身上是心理活动高度紧张的标识。他蓦地站住不动，似乎已拿定主意。

“同志们，”他胸有成竹地说，“你们可知道，应该对此负责的是谁？你们可知道，是谁夜里摸黑进来把我们的风车搞塌了？是**雪球!**”他突然发出声如霹雳的咆哮。“是雪球干下了这件事！这个叛徒纯粹出于险恶的用心，妄图使我们的计划开倒车，为他自己可耻地遭到驱逐进行报复，于是在夜幕的掩盖下潜入此地把我们将近一年的劳动成果毁于一旦。同志们，我在此时此地宣布判处雪球死刑。任何动物如能将雪球绳之以法，将被授予‘动物英雄二等勋章’，还可得到十八升苹果。任何动物要是把他活捉了，可得到三十六升苹果！”

动物们获悉连雪球也会犯下如此大罪，那种受震惊的程度已不是用语言所能表达。有动物当场发出愤怒的喊叫，而大家都开始在想办法怎样逮住雪球，如果他胆敢再来的话。相隔几乎不到一分钟，一头猪的脚印已在距小山丘不远的草地里被发现。循着脚印跟踪才几码远，就发现这串脚印的去向是树篱上的一个窟窿。拿破仑深深吸气嗅着那些脚印，宣称它们是雪球留下的。拿破仑表示，据他的看法，雪球可能是从狐苑农场那个方向来的。

“不能再耽搁了，同志们!”在脚印被查看过以后，拿破仑大声说。“工作正需要我们去做。就在今天上午，我们将开始重建风车，而且整个冬季不论雨雪风霜都要投入重建工程。我们要教训教训这个可悲的叛徒，他想要我们耗费的劳动心血统统变成白干一场可没那么容易。记住了，同志们，我们的计划一定不能变更，一定要如期完成。前进，同志们！风车万岁！动物农场万岁!”

第七章

这是一个苦寒的冬季。天气由急风骤雨转为冻雨和多雪，再往后便是天寒地冻，直要到二月过半才开始逐渐消融。动物们尽最大的努力把重建风车的工程继续进行下去，深知外界正注视着他们，倘若风车不能如期竣工的话，幸灾乐祸的人类定然会趾高气扬欢庆胜利。

人们从仇视的立场出发，故意表示不相信风车毁于雪球的暗中破坏。他们说，风车的倒塌是因为墙太薄了。动物们知道这并不是问题的症结所在。虽然如此，但还是决定把墙砌成三英尺厚，而不是原先的一英尺半，足足加厚一倍，这就意味着采集石块的数量必须大大增加。有很长一段时间采矿场里满是被风吹成的雪堆，什么也干不了。在随后出现的干冷日子里工作稍有进展，但这是十分残酷的苦活，动物们对之已不像过去那样充满希望。他们总是觉得很冷，往往还饥寒交迫。只有拳击手和紫苜蓿从不丧失信心。吱嘎发表过多次论奉献之快乐和劳工之神圣的精彩讲演，然而其他动物倒是从拳击手的无穷精力和他一如既往地表示“我会更加努力工作!”的那一声嘶鸣中得到较多鼓舞。

一月份粮食即告短缺。谷物的配给量锐减，场方宣布将发放额外配给的土豆以补不足。不料发现土豆收获量的大部分因窖藏保温覆盖欠厚而被冻坏了。土豆已发软变色，只有一小部分尚可食用。一连几天动物们除了谷糠和糖萝卜就没有东西可吃。看来饥荒已迫在眉睫。

向外界隐瞒这一事实，乃是生死攸关的要务。风车坍塌使人们的腰杆子又硬了起来，他们正在炮制种种新鲜出炉的谎言，都与动物农场有关。外面又在到处谣传，说所有的动物都快饿死、病死，说动物们不断闹窝里斗，甚至发展到互相食肉和残杀幼仔。拿破仑完全明白，要是粮食状况的真相泄露出去，将产生多么糟糕的后果，于是他决定利用温珀先生去传播一种相反的印象。迄今为止，动物们在温珀先生每周一次来访时绝少或者没有跟他发生过接触；然而现在，少数几只经过挑选的动物，多半是绵羊，奉命在不经意间让他听到几句口粮已经增加的谈话。拿破仑吩咐把饲料棚内几乎空空如也的周转箱用沙子填到将近上沿处，然后用仅剩的那点儿谷类食物覆盖表层。在某种合适的托词下，温珀被引领着穿过饲料棚，并有机会瞥见那些周转箱。他上当了，并不断向外界报道，说动物农场并不存在粮食短缺。

尽管如此，将近一月底时情况益趋明显，必须从什么地方再搞到些谷物。那些日子拿破仑很少公开露面，而是整天待在农场主宅内，那里每一扇门都有几条一脸凶相的狗把守着。每当他现身时，都像举行什么典礼似的，有六条狗组成的护卫队紧紧围着他，只要有谁太靠近他，那些狗便会吠声大作。他经常连星期天上午也不露面，只是通过其他猪中的一口——通常是吱嘎——发布命令。

某个星期天上午，吱嘎宣布母鸡(她们恰好进来照例准备产卵)必须上缴她们生下的蛋。拿破仑通过温珀已签下一份每周提供四百枚鸡蛋的合同。出售鸡蛋所得款项将用于购进足够数量的谷类食物，使农场得以维持到夏天来临，那时情况将会好转。

母鸡们一听到这项决定，顿时大起恐慌，叫个不停。她们已预先接受吹风，说可能不得不做出这种牺牲，但她们并不相信这等事真会发生。她们刚刚准备好各自的一窝蛋以便开春孵育，所以纷纷表示抗议，认为现在把蛋取走简直就是谋杀。自打琼斯给撵走以后，还是头一回发生有点儿像一次造反的风波。由三只正当青春的米诺卡小黑鸡[①]带头，母鸡们下定决心要努力不让拿破仑的愿望实现。她们采用的办法是飞到椽子上去在那儿产卵，结果鸡蛋都掉到地上打碎了。拿破仑做出的反应迅捷而又无情。他吩咐停发母鸡们的口粮，并且下令道，任何动物胆敢私自接济母鸡者，即使只给一粒玉米，都将被处死，并由护卫队的猛犬负责执行上述命令。母鸡们共坚持了五天，最后投降并回到她们的巢箱中去。这段时间内共死了九只母鸡。她们的尸体被埋在果园里，公开的说法是她们死于球虫病。温珀对这一事件一无所知，鸡蛋按时交货，一辆带篷的生鲜运货车每周一次来农场把鸡蛋拉走。

这个时期内一直没有谁再见到过雪球的踪影。有传闻说

① 米诺卡鸡，或译梅诺卡鸡，得名于西班牙东部米诺卡岛的一种蛋用鸡，像莱亨鸡，但较大。

他躲在邻近两家农场之一，非狐苑即撬棍地。拿破仑这阵子跟其他农场的关系比以前略有改善。恰好院子里有一堆木材，还是十年前清理一片山毛榉小树丛时码在那儿的，已经相当干燥适用。温珀建议拿破仑把它卖了，而皮尔金顿先生和弗雷德里克先生都十分想买。拿破仑在两家买主之间犹豫不决。有迹象表明，每当他好像即将与弗雷德里克达成协议时，便有人声称雪球藏在狐苑；而当他倾向于跟皮尔金顿成交时，就有消息说雪球在撬棍地。

开春之初，突然发现一个情况令大家惶恐不安。雪球在夜间经常悄悄潜入农场！动物们紧张得在圈栏里睡不着觉。据说他每晚都在夜幕的掩护下溜进来干种种坏事。他偷吃谷物，倒翻奶桶，打破鸡蛋，践踏苗床，啃去果树皮。不管什么时候什么事情乱了套，大家马上把它归罪于雪球，这已经成为惯例。要是有一扇窗玻璃打破了，或者一根排水管堵塞了，肯定有谁会说那是雪球夜里来干的。当饲料棚的钥匙丢失的时候，全农场众口一词咬定准是雪球把钥匙扔到井里去了。甚至那把搁错了地方的钥匙过了一阵子在一口袋粗磨面底下被找到以后，大家依旧坚信那是雪球所为，这可真够怪的。母牛们不约而同地声称，雪球曾摸进她们的棚栏，趁她们睡着时挤了她们的奶。那个冬季大老鼠为害甚烈，据说他们跟雪球也是同伙。

拿破仑下令要对雪球的活动做全面调查。他在几条护卫犬陪同下前往农场居住区进行一次仔细的巡查，其他动物则保持一定距离跟在后面以示尊敬。拿破仑每走不多几步，就停下来嗅嗅地上有没有雪球脚步留下的痕迹，他说自己凭气味就能探测出来。他嗅遍每一个角落，凡谷仓、牛棚、鸡舍、菜园，几乎到处都发现雪球的踪迹。他把口鼻伸到地上，深深地吸几口气，立刻用一种可怕的声音惊呼："雪球！他到过此地！他的气味我能够准确无误地分辨出来！"所有的护卫犬一听见"雪球"两个字，马上会发出令你血液凝固的狂吠，露出他们尖利的边牙。

动物们给彻底吓坏了。他们觉得雪球仿佛成了某种无形的影响力，弥漫在他们周围的空气中，制造出各种各样的危险令他们防不胜防。晚上，吱嘎把大家召集拢来，脸上挂着惶惶不可终日的表情告诉他们，他有一条重大新闻要向大家通报。

"同志们！"吱嘎大声说，一边做着神经质的小幅动作跳来跳去，"一件最可怕的事情已被发现。雪球把自己出卖给了撬棍地农场的弗雷德里克，此人至今还在阴谋策划袭击我们，妄图把我们的农场从我们手里夺走！一旦袭击发动起来，将由雪球充当他的向导。但是还有比这更糟的。我们原以为雪球造反的起因仅仅在于他的虚荣心重，狂妄自大。但是我们错了，同志们。你们可知道真正的原因是什么？雪球从一开始就和琼斯穿的是连裆裤！他一直是琼斯的暗藏特务。这一切从他没能带走而且刚刚被我们发现的文件中得到了证实。这些文件在我看来能说明很多问题。他是如何企图使我们在牛棚战役中被打败和被消灭的，难道我们自己未曾看见？幸亏他没有得逞。”

动物们全都惊呆了。此等行径若与雪球破坏风车的事相比，在严重程度上的差别完全不可以道里计，简直是罪不容诛。然而有好几分钟，动物们还无法完全加以消化。他们都还记得，或者自以为记得，他们曾亲眼目睹雪球在牛棚战役中冲锋时身先士卒，在每一个转折关头给大家鼓舞士气，使队伍重新振作起来，而他自己甚至在被琼斯猎枪射出的铅沙弹伤了背部也没有得到片刻喘息。起初，要把记忆中的印象与雪球原来站在琼斯一边扯到一块儿有点儿难办。就连遇事几乎从来不问为什么的拳击手也感到困惑不解。他蹲下身来，把两个前蹄塞到自己身体下面，闭上眼睛，费了好大好大的劲设法明确表达自己的想法。

“我不相信有那种事，”他说。“雪球在牛棚战役中打仗非常勇敢。我亲眼看见他怎样打敌人来着。后来我们不是立刻给了他‘动物英雄一级勋章’吗?”

“那是我们的失误，同志。现在我们搞清楚了，实际上当时他企图把我们引向毁灭——所有这些在我们发现的秘密文件中都写得明明白白。”

“可是他负了伤啊，”拳击手说。“我们都看到他流着血还奔跑来着。”

“那是事先安排好的情节!”吱嘎提高嗓门说。“琼斯开的那一枪不过擦破了他一点儿皮。我可以给你看他亲笔写下的文字，如果你能读懂的话。按照预谋，雪球在关键时刻应当发出撤退信号，把战场拱手让给敌人。他只差一点儿就得逞了——我甚至可以说，同志们，要是没有我们英雄的领袖拿破仑同志，雪球原本**就已经**得逞了。恰恰在琼斯他们冲进院子的一刹那，雪球忽然掉头就逃，好多动物也跟着他跑，你们难道不记得了？还有，当时恐慌情绪正在蔓延，眼看一切都已完蛋，恰恰在那个节骨眼上，拿破仑同志大吼一声‘消灭人类!’扑上前去死死咬住琼斯的一条腿不松口，**那一幕**你们难道也不记得了，同志们?”吱嘎说得声情并茂，同时不断蹦过来跳过去。

听吱嘎把当初的情景描绘得如此活灵活现，动物们好像觉得自己也记起来了。不管怎么说，他们记得在那一仗的危急关头雪球确曾掉头逃跑。但拳击手尚未释然，心里总还是有一点儿小疙瘩。

“我不相信雪球一开始就是叛徒，”他终于说。“他后来的所作所为是另一回事。可是我相信在牛棚战役中他还是一个好同志。”

“我们的领袖拿破仑同志，”吱嘎郑重宣布，语调非常缓慢，语气非常坚定，“已经十分明确地——同志，我再说一遍，十分明确地——指出，雪球从一开始便是琼斯的特务。是的，一开始便是，远在还根本没有谁想到过造反之前很久。”

“啊，那就不同了!”拳击手说。“既然拿破仑同志这样说，那一定错不了。”

“这才是端正的态度，同志!”吱嘎大声说，但有旁观者注意到，他那双亮闪闪的小眼珠子恶狠狠地瞪了拳击手一眼。他转身要走，又顿了一下，意味深长地找补几句："我奉劝这座农场的每一只动物一定得把眼睛睁大。因为我们有理由认为，雪球的某些暗藏特务此刻正潜伏在我们中间。"

四天后的下午，已是向晚时分，拿破仑命令全体动物到院子里集中。当他们全都集合到场时，拿破仑从农场主宅内现身，两枚勋章都佩在胸前（因为前不久他刚奖给自己一枚"动物英雄一级勋章"和一枚"动物英雄二级勋章"），他那九条高大的护卫犬围着他又蹦又跳，他们发出的狺狺狂吠把一阵阵寒噤注入所有动物的脊髓。动物们畏缩在各自的位子上不吭声，似乎已预先知道将有可怕的事情发生。

拿破仑站在那儿，板着脸把他的听众一一扫视过来，接着发出一声高调的尖叫。猛犬们立刻蹿向前方，咬住四只猪的耳朵把他们拖到拿破仑脚下。那些猪又是疼痛又害怕，拼命叫喊，他们的耳朵鲜血淋淋，而猛犬们尝到了血腥味，顿时好像完全成了疯狗。令每一只动物大为愕然的是，有三条狗竟一齐向拳击手扑去。拳击手见他们直扑过来，当即伸出一只大蹄，在半空中逮住其中一条，把他摁在地上。那条狗哀叫着求饶，另外两条夹着尾巴赶紧逃跑。拳击手望着拿破仑，想知道自己该把那条狗踩死还是放走。拿破仑似乎变了脸，他厉声喝令拳击手把狗放走，拳击手奉命抬起蹄子，那条狗身上青一块紫一块的，伴随着凄厉的悲号溜之大吉。

一场风波旋即平息下来。四口猪哆嗦着尚在听候处置，认罪的字样仿佛就写在他们脸上表情的每一条纹理之中。拿破仑一一点了他们的名，要他们坦白自己的罪行。他们正是曾经抗议拿破仑取消星期日碰头会的那四口猪。无须任何进一步逼供，他们便承认，自从雪球遭罢黜后，他们曾与雪球有过秘密接触，在毁坏风车这件事上他们之间也进行过合作，他们还跟雪球达成协议，准备把动物农场交给弗雷德里克先生。他们补充说，雪球私下曾向他们承认自己多年来一直是琼斯的暗藏特务。他们结束供述后，猛犬们迅即撕裂他们的喉头，然后拿破仑以一种令大家发怵的声音询问其他任何动物，有什么问题需要坦白交代。

曾在鸡蛋事件中领头造反未遂的三只米诺卡小母鸡，站出来供称，雪球曾在同一个梦中向她们现身，并且煽动她们违抗拿破仑的命令。这三只鸡也被处决了。随后是一只鹅出来坦白，去年收割时曾偷偷私藏六株玉米棒子在夜里吃掉了。再后来是一只绵羊坦白曾在饮水池内撒尿——据鹅说是被雪球逼着这样做的。此外另有两只绵羊坦白曾经谋杀一只老公羊——他是对拿破仑特别忠诚的一名追随者，两只绵羊采用的手段是趁老公羊咳嗽不止之际撵着他围绕一堆篝火拼命跑。她俩当场即遭宰杀。就这样，关于坦白和处决的故事还在继续，直至拿破仑脚边的尸骸成了堆，空气中弥漫着强烈的血腥味，自从琼斯被逐以后那里还没有出现过这种情状。

等一切都结束之后，余下的动物除猪和狗以外，全都蹑着脚悄然离去。他们因受惊骇而晕头转向，显得特别可怜，闹不清究竟哪件事带来的震荡更厉害——是那些跟雪球勾结起来的动物的背叛行径呢，还是动物们刚才目击的那一场残酷血洗。要说恐怖程度相埒的流血景象，昔日也时有发生，然而大家觉得如今的情况要糟糕得多，因为这事就发生在他们同类之间。自从琼斯离开农场一直到今天以前，还没有哪一只动物杀过另一只动物。连一只老鼠也不曾被杀。他们一路来到小山丘上(又造到一半的风车就矗立在那儿)，不约而同地趴下来，似乎为了获取较多热量而互相挤做一团——紫苜蓿、慕莉尔、本杰明、母牛、绵羊加上一大群鹅和鸡——差不多齐了，只缺一只猫，恰恰在拿破仑命令动物们集合之前，那只猫忽然失踪了。大家半晌都不开口。只有拳击手依旧没有趴下。他焦躁不安地挪动身躯，挥起他那长长的黑尾巴抽打自己的肚皮，偶尔发出一声相当克制的嘶鸣，表示百思不得其解。最后他说：

“我怎么也想不明白。我实在没法相信这等事会发生在我们农场。一定是我们自己在什么地方出了纰漏。据我看来，解决的办法只有一个——更加努力工作。从今以后，每天早晨我要提前整整一小时起身。”

说罢，他踏着沉重的蹄子走了，一路小步慢跑前往采矿场。到了那儿，他连续装了两车石头，把它们拉到风车工地上，然后歇夜。

动物们仍挤在紫苜蓿身旁一言不发。他们趴聚在上面的那个小山丘，给了他们纵目骋怀饱览乡村景色的广阔视野。动物农场的绝大部分他们都可以尽收眼底——一直伸展到大路的长形牧草地、草料田、小树丛、饮水池、翻耕后栽种不久长得又密又绿的小麦地、农场房舍的红屋顶以及从烟囱里袅袅升起的缕缕炊烟。这是一个天朗气清的早春傍晚。来自水平方向的脉脉斜晖在草地和苍翠欲滴的树篱上抹了一层金色。动物们带着几分惊异的心情猛然想起，这是他们自己的农场，每一寸土地都是他们自己拥有的财产。此刻展现在他们眼前的正是大家心向往之的地方。然而这个农场在动物们心目中从来不像这样一片乐土。紫苜蓿顺着山坡朝下望去，她的眼睛噙着泪水。如果她能用语言表达自己的想法，应该说，几年前动物们决心为推翻人类而努力苦干，而现实与当初他们致力的目标完全是两码事。老少校第一次激励他们起来造反的那天夜里，他们开始期盼的也绝非这些恐怖和屠戮的惨状。如果说紫苜蓿在心中为自己设计过什么关于未来的蓝图的话，那幅蓝图上将是一个摆脱了饥饿和鞭子的动物社会，大家一律平等，工作各尽所能，强者卫护弱者，就像在听少校演讲之夜紫苜蓿用她的前腿卫护一窝失恃的小鸭那样。可是，理想的动物社会没有盼到，而他们反倒落入了这样一个时代：谁也不敢说出自己的想法，动辄狂吠不止的恶犬到处横行，你不得不眼睁睁看着你的同志在招认了丑恶罪行后被撕成碎片——她不知道怎么会闹成这样的。她头脑里并没有造反或违命的想法。她知道，即使就目前的状况而言，他们的日子仍然比琼斯时代好得多。她也知道，必须阻止人们卷土重来——这比其他一切更重要。不管发生什么事情，她将保持忠诚，努力工作，完成交给她的任务，接受拿破仑的领导。可是，说到底，她和所有别的动物希望看到并为之埋头苦干的，毕竟不是现在这种局面。他们建造风车，横眉冷对琼斯的猎枪子弹，也不是为了过今天这样的日子。这便是她的想法，尽管她缺乏言语把想法表达出来。

最后，紫苜蓿觉得，既然她找不到表达心中想法的言语，何不用唱歌作为替代，于是就开始唱《英格兰的生灵》。坐在她周围的其他动物也跟着应和，他们一共唱了三遍，唱得非常动听，但是很慢，很忧伤，他们以前从未这样唱过。

他们刚唱完第三遍，吱嘎便在两条狗陪同下来到他们近旁，他的神情似乎有什么重大的事要说。他正式宣布，遵照拿破仑同志的一项特别法令，《英格兰的生灵》已被取缔。从今以后，这首歌不准再唱。

动物们感到如雷轰顶。

“为什么?”慕莉尔叫了起来。

“它不再需要，同志，”吱嘎说，口气和表情都是硬邦邦的。“《英格兰的生灵》是造反之歌。但造反现已完成。今天下午处决一批叛徒是最后一幕。外部和内部的敌对分子都已被打败。过去我们通过《英格兰的生灵》表达的是对于未来一个更美好社会的渴望。但这个社会现在已经建成。很明显，这首歌不再有任何用途。”

动物们虽被吓得够呛，但其中有几只原本还是会提出抗议，不料偏偏在这个当口儿绵羊们照例咩咩地喊起了“四条腿好，两条腿坏”的口号，达数分钟之久，争论只得不了了之。

于是，《英格兰的生灵》再也听不见了。诗人小不点儿谱写了另一首歌取而代之，它的开头是：

动物农场,动物农场,

我决不会让你受伤！

这支歌就在每星期日上午升旗后唱。但不知怎的，动物们总觉得，无论它的歌词还是曲调，怎么也比不上《英格兰的生灵》。

第八章

数天后，成批处决动物造成的恐怖气氛已尘埃落定，某些动物记得——或他们自以为记得——第六条戒律明文规定："凡动物都不可杀任何别的动物。"虽然谁也不愿在猪或狗可能听到的距离内提及此事，但大家还是觉得，已经发生的多起杀戮不符合戒律的精神。紫苜蓿请本杰明把第六条戒律念给她听，可是本杰明照例表示他拒绝掺和到这类事情中去，于是紫苜蓿就把慕莉尔找来。慕莉尔给她念了那条戒律。条文写的是："凡动物都不可杀任何别的动物，如果没有理由的话。"不知怎么搞的，末尾那几个字竟从动物们的记忆中溜走了。但现在他们看到了，没有违反戒律的情况发生；很清楚，处死跟雪球有勾结的叛徒完全有正当理由。

这一整年，动物们干的活甚至比上一年更辛苦。重新建造风车，墙体的厚度比原先增加一倍，并且要在规定期限内完成，而农场的常规工作还得照做，这样的劳动强度可不是闹着玩儿的。有时候动物们觉得他们劳动的时间比琼斯时代更长，吃的却不比那时好。星期天上午，吱嘎总要用蹄子夹着长长一条纸，向动物们宣读大串大串的数字，表明各档粮食的产量分别增长百分之二百，百分之三百或百分之五百，因不同情况而异。动物们认为没有理由不相信他，何况他们再也记不清造反之前究竟是怎么个状况。反正有些日子他们还是感到，他们宁愿少听些数字，多得到些吃的。

所有的命令现在都是通过吱嘎或另外某一口猪发布的。拿破仑自己每两周才公开露一次面，不会更多。每当他出现的时候，不光有他的猛犬护卫队陪同，还有一只黑色小公鸡在他前头开道，并且扮演一个类似吹号手的角色，在拿破仑开口说话之前先大声啼叫一遍“喔喔喔”。即便在农场主宅内，据说拿破仑也住单独套房，与别的猪分开。他总是独自用餐，由两条狗伺候他，而且一贯使用摆在起居室玻璃酒柜内的王冠德比餐具[①]。在每年拿破仑生日那天，都要鸣枪庆祝，跟另外两个纪念日一样，这也已经正式宣布过了。

如今拿破仑被提到时不能随随便便称为“拿破仑”了。任何时候谈起他，都必须按正规方式称“我们的领袖拿破仑同志”，而猪们则喜欢为他发明创造诸如所有动物之父、人见愁、羊圈守护神、小鸭之友之类的头衔。吱嘎在讲演时总是泪流满面地谈到拿破仑的智慧何等超群，他的心地多么善良，他对任何地方的所有动物怀着深深的爱，甚至而且尤其深爱其他农场至今仍生活在愚昧和被奴役状态的不幸动物。农场每次取得什么成绩，好运无论临到谁的头上，都要归功于拿破仑，这已成为惯例。你时常可以听到一只母鸡在告诉另一只母鸡：“在我们的领袖拿破仑同志指引下，我在六天里头产了五个蛋”；或者两头母牛在池边饮水时会赞叹：“感谢拿破仑同志领导有方，这水的味道真是好极了！”农场一般群众的普遍感受在一首题为《拿破仑同志》的诗中表达得很好，那是小不点儿创作的，全诗如下：

① 王冠德比餐具，指 1784—1848 年间产于英国德比郡的瓷器餐具，上有王冠标记。

救苦救难的恩公，
您让万物欣欣向荣，
幸福全仗您布施。
哦，您像天上的太阳，
每当我仰视您指挥若定的目光，
我心中既温暖又亮堂，
拿破仑同志！

您创造的生灵就爱一天饱餐两顿，
还有松软的干草可以在上面打滚，
这一切无不是您所赐。
所有的生灵大小不论，
都能在圈舍里睡得安稳，
因为有您守护着我们，
拿破仑同志！

我若有一头吃奶的小猪，
不等他离开我的胸脯，
哪怕他才奶瓶般大，长不盈尺，

他就得学会第一件事情

——永远对您老实忠诚，

对，还有他牙牙学语发出的第一声

——“拿破仑同志！”

拿破仑对这首诗表示赞许，并促使把它题在大谷仓的外墙上，和《七诫》遥遥相对。诗的上方用白漆画着拿破仑同志的侧面肖像，它出自吱嘎的手笔。

其间，拿破仑通过温珀从中斡旋，在同弗雷德里克和皮尔金顿进行复杂的谈判。那一堆木材尚未售出。两家农场之一的业主弗雷德里克更想得到这批货，却又不愿出一个合适的价钱。与此同时，又有传闻说弗雷德里克和他手下那帮人正密谋袭击动物农场并捣毁风车，因为建造风车的事已使他妒火中烧濒于疯狂。有消息称雪球仍藏身于撬棍地农场。仲夏前后，动物们大吃一惊地听说，三只母鸡已主动坦白，他们在雪球驱使下，参与了一个谋杀拿破仑的阴谋。三只鸡立刻就被处决，而对拿破仑的安全保卫工作又采取了新的防范举措。四条狗夜晚守卫在他床边，每条狗负责床的一角，而一口名叫粉红眼的小猪领受的任务是：所有给拿破仑享用的食物先得由粉红眼尝过，然后给拿破仑吃，以防有谁下毒。

大概也就在那个时候，有消息发布下来，说拿破仑已打算把那一堆木材卖给皮尔金顿；同时他们也准备在动物农场与狐苑农场之间就某些产品的经常性交易签订一项长期协议。拿破仑与皮尔金顿之间的生意往来虽然都是通过温珀进行的，但双方的关系现在差不多算得上友好了。动物们信不过皮尔金顿，因为他是人，但是，跟那个双方都既怕又恨的弗雷德里克相比，动物农场方面显然更愿意同皮尔金顿打交道。随着长夏之渐行渐远，风车也快接近建成了，有关一次阴险的突袭行将发生的流言声浪越来越高。据说，弗雷德里克打算率领二十名个个带枪的人对付农场的动物，而且他们早已买通地方官员和警察，只要弗雷德里克能把动物农场的产权证书弄到手，官方就会采取不闻不问的态度。更有甚者，从撬棍地农场不断有可怕的传闻渗漏出来，说弗雷德里克一直在他的动物们身上实验种种残忍的虐待手段。他曾鞭打一匹衰老的马致死，他让他的母牛们挨饿，他把一条狗扔进火炉活活烧死，他每天晚上把破损的刀片缚在公鸡后爪上挑动他们互斗取乐。动物们听到竟有人如此荼毒他们的同志，无不义愤填膺，热血沸腾，有几回曾主动请缨，嚷着要求让他们倾巢出动，兵发撬棍地农场，把人们统统赶走，解放那里的所有动物。但是吱嘎劝说他们避免采取过激行动，要充分信任拿破仑同志的策略高明。

尽管如此，反对弗雷德里克的情绪继续高涨。一个星期日的上午，拿破仑出现在谷仓里，向大家解释他任何时候都没有考虑过把那堆木材卖给弗雷德里克；他说，跟那种档次的无赖打交道他认为有损于他的尊严。对仍被放出去散播造反信息的鸽子，已禁止在狐苑农场的任何地方落脚，并且下令他们放弃过去的口号“消灭人类”，改为“消灭弗雷德里克”。到残夏时节，雪球的又一条诡计被揭穿了。收获的小麦里满是杂草，后来发现那是雪球在一次夜访时把草籽掺进了谷种。一只曾经参与此阴谋的天鹅，向吱嘎坦白了自己的罪愆后，当即吞下致命的颠茄浆果自杀身亡。动物们现在也了解到，雪球从来没有像许多群众至今还相信的那样获得过“动物英雄一级勋章”。这纯粹是一个子虚乌有的神话，它是在牛棚战役后不久由雪球自己散播的。这个根本没有被授勋的家伙，曾因在战斗中贪生怕死而受过处分。听了这种说法，某些动物再一次感到有些茫然，但吱嘎很快就能够使他们信服，是他们的记性出了问题。

到秋天，通过大家咬紧牙关、筋疲力尽的拼搏——因为农田的收割不得不几乎与此同时进行——风车终于建成了。当然机器设备还有待安装，温珀正在谈判购置设备事宜，但工程的结构土建部分已经完成。面对遇到的每一个困难，不顾经验缺乏、设备简陋加上运气不佳和雪球的阴谋破坏，工程还是如期完成了，一天也没有延误！疲惫不堪、可是充满自豪的动物们，绕着他们的得意杰作走了一圈又一圈；在他们眼里，风车甚至比第一次建成时更加漂亮。再说，墙体也比过去加厚了一倍。这一回，除非用炸药，否则休想把它搞趴下！是啊，他们投入了不知多少劳动，战胜了不知多少足以令大家气馁的困难和挫折，然而待到风车的翼板转动起来，发电机组开始工作之时，他们的生活将发生多么巨大的变化！——想到这一切，动物们的疲劳顿时烟消云散，他们蹦蹦跳跳绕着风车不停地转圈儿，连连发出胜利的欢呼。由九条狗和一只小公鸡前呼后拥陪伴着，拿破仑亲临现场察看已经完成的工程；他以个人的名义为动物们取得的成就向他们表示祝贺，并宣布风车被命名为拿破仑风车。

两天后，动物们被召集到谷仓里专门开一个会。当拿破仑宣布他已把一堆木材出售给弗雷德里克时，大家惊讶得无异挨了当头一棒。明天弗雷德里克的车队就将到达，开始把木材拉走。在拿破仑表面上与皮尔金顿关系似乎挺友好的整个时期内，拿破仑自始至终实际上是与弗雷德里克串通的，他们之间一直存在着一项不足为外人道的默契。

与狐苑的一切关系均告断绝；语涉侮辱的函件连连给皮尔金顿发去。鸽子们被告知飞经撬棍地农场必须绕道而过，并且把他们的标语口号由“消灭弗雷德里克”改为“消灭皮尔金顿”。与此同时，拿破仑向动物们担保，所谓即将袭击动物农场的消息完全失实，关于弗雷德里克虐待他自己的动物的故事也被无限夸大了。所有这些流言蜚语很可能源自雪球和他的同伙。现在看来，雪球到底还是没有藏在撬棍地农场，事实上他这辈子压根儿就没有到过那里。他住在狐苑，据说生活还挺阔绰，过去那么些年其实一直由皮尔金顿供养着。

猪们对于拿破仑的连环妙计佩服得手舞足蹈。通过表面上跟皮尔金顿友好相处这一招，拿破仑迫使弗雷德里克把报价提高了十二镑。但吱嘎说，真正展示拿破仑英明卓绝的还是这样一个事实：他对谁都不信任，甚至不信任弗雷德里克。弗雷德里克本想用一种叫做支票的东西支付木材款，那玩意儿好像是一张纸，上面写着付款的承诺。可是拿破仑太聪明了，岂会上他的当。他要求弗雷德里克用五镑面额的现钞支付货款，而且必须先交钱，然后把木材拉走。现在弗雷德里克已经付清了货款；他付的款额刚刚够购买风车所需的配套设备。

其间，木材正以极快的速度被拉走。等到全部运完以后，谷仓里又专门召开一次会议，让动物们好好瞧瞧弗雷德里克交来的那些钞票。拿破仑把两枚勋章全都佩在胸前，笑容可掬地卧靠着平台上的一张干草铺，钱整齐地码在他身旁一只从农场主宅内厨房里拿来的瓷盘子上。动物们排成一行缓缓而过，一个个都盯着要看个够。拳击手把鼻子伸过去想嗅嗅钞票是什么味儿，他的鼻息却搅动了那些白色的薄纸片，发出轻微的飒飒声。

三天后掀起了一场轩然大波。温珀脸色煞白，骑着他的自行车沿小道赶来，进了院子就把车一扔，直奔农场主住宅。仅仅过了一小会儿，一声像要背过气去的狂怒的咆哮从拿破仑的套房内传出来。关于所发生之事的消息像一把野火在农场里迅速蔓延开来。钞票竟是假的！木材白送给了弗雷德里克！

拿破仑立即把动物们召集拢来，以威严可怖的声音宣布对弗雷德里克判处死刑。他说，一旦抓住了弗雷德里克，非把他活烹了不可。与此同时，他提醒大家说，发生了这等背信弃义的奸诈行为之后，还有比这更坏的不可不防。弗雷德里克和他手下那帮人随时都有可能发起早在大家意料之中的攻击。农场所有的通道路口都已布下岗哨。此外，四羽鸽子也被放飞前往狐苑，送去一封示和信，希望能与皮尔金顿重建睦邻关系。

翌晨，进攻就开始了。动物们正在吃早餐，观察哨的守望员跑来报告，说弗雷德里克已率领手下通过有五道闩的大门。动物们虽然奋勇出击迎敌，但这一回他们没能像在牛棚战役中那样轻易取胜。来犯者共十五人，有六条枪，他们一进入到五十码以内，马上开火。动物们抵挡不住可怕的火药爆炸声和造成剧痛的铅沙弹，虽然拿破仑和拳击手拼命要大家顶住，还是很快败下阵来。他们中一部分已经负伤。他们只得把居住区的圈棚厩舍当作避难所，从墙缝和木板节孔中小心翼翼向外张望。整个一大片牧草地包括风车在内已经落入敌手。一时间看来连拿破仑也束手无策。他一语不发地来回踱步，他的尾巴僵直作抽风状。苦苦期盼的目光频频送往狐苑农场的方向。要是皮尔金顿能带人前来增援，动物农场也许还有可能反败为胜。但是就在这个当口儿，头天放飞出去的四羽鸽子回来了，其中之一捎来皮尔金顿写的一张纸条，上面只有两个铅笔字：“活该。”

与此同时，弗雷德里克一帮人冲到风车那儿停了下来。动物们望着他们，周遭泛起一阵惊恐绝望的窃窃私语声。两个人取出一根钢钎和一把大锤。他们准备把风车砸烂。

“不可能!”拿破仑喊道。“我们的墙砌得够厚的，他们办不到。即使他们砸上一个星期，风车也塌不下来。别泄气，同志们!”

但是本杰明目不转睛地注视着人们的一举一动。那二人用锤子和钢钎在靠近风车底部的墙上凿孔。本杰明慢慢悠悠地上下微微摆动他的长口鼻作点头状，那神态仿佛觉得眼前的事儿挺有趣似的。

“我就料到会使这一招，”他说。“你们没瞧见他们在干什么？接下来他们就要把炸药塞进孔里去。”

动物们全都吓坏了，此时已不可能冒险从圈舍的隐蔽处冲出去，只得静观其变。过了不多几分钟，可以看到人们正四散奔逃。随之而来的是一声震耳欲聋的巨响。鸽子们盘旋着纷纷飞入空中，除拿破仑外，所有的动物一齐趴倒在地，肚皮朝下，把脸藏起来。他们重新站起来时，只见黑色浓烟聚成的一个巨大云团笼罩在风车原来位置的上空。微风慢慢地把黑烟吹散。风车已不复存在！

看到了这幅景象，动物们的勇气反而又回到他们身上。片刻之前他们感到的恐惧和绝望，已淹没在由敌人可鄙可耻的行径所激起的狂怒之中。一声号召复仇的有力呐喊蓦地响起，动物们无须等待进一步令下，全体一致发起冲锋，直接扑向敌人。此刻他们并不理会无情的铅沙弹像雹子一般在他们头上呼啸而过。这是一场野蛮、惨烈的战斗。人们开了一枪又一枪，当动物们与他们展开肉搏战时，人们便挥舞棍棒乱抽，举起沉重的靴脚猛踹。一头母牛、三只绵羊和两只鹅惨遭杀害，几乎每一只动物都负了伤。就连殿后指挥作战的拿破仑，尾巴尖也被铅沙弹削去了一小片。不过人们也并非毫发无损。其中三人挨了拳击手的重蹄猛击脑袋开了花；另一人的腹部被一头母牛的角牴破；还有一人的裤子差点儿让杰茜和蓝铃铛扯去。作为拿破仑贴身保镖的九条狗，奉首长之命在树篱掩护下进行迂回包抄，当他们凶神恶煞一般狂吠着突然出现在人们的侧翼时，人们吓得魂飞魄散。他们看到自己有被包围的危险。弗雷德里克向他手下的人们大喊，趁退路尚存之际走为上策。紧接着，怕死的敌人便纷纷逃命去了。动物们把他们一直追到坡地脚下，而且当他们强行穿过荆棘树篱夺路出去时，动物们还踢了他们最后几脚。

动物们胜利了，但他们个个精疲力竭，伤口流血不止。他们一瘸一拐地开始慢慢返回农场。看到他们死去的同志们伸展在草地上的惨状，有些动物不禁潸然泪下。有一小会儿他们在风车原先矗立的地方停步默哀。是的，风车不见了；就连他们惨淡经营的最后一点儿痕迹也不见了！甚至地基也有部分被毁。这一回再要重建的话，他们已不能像上一回那样利用坍塌的石头。这一回连石头也消失不见了。爆炸的威力把石头抛到几百码以外。就像此地从来不曾有过风车一样。

当他们快到农场时，在这次战斗中莫名其妙地不知去向的吱嘎，又跳又蹦地迎上前来，一边红光满面洋洋得意地摇着尾巴。与此同时，动物们听到从农场居住区方向传来庄严隆重的鸣枪之声。

“鸣枪干什么?”拳击手问。

“庆祝我们的胜利呀!”吱嘎欢呼道。

“什么胜利?”拳击手不明白。他的膝盖在流血，他掉了一个马蹄铁，他的一个蹄子裂开了一道口子，他的一条后腿嵌进了足足一打铅沙弹丸。

“这还用问吗，同志？难道我们没有把敌人赶出我们的土地——动物农场神圣的土地?”

“可是他们炸毁了我们的风车。我们为它足足干了两年哪!”

“这算什么？我们可以再建一座风车。只要我们愿意，我们可以造它六座风车。同志，你尚未充分认识到我们干了一件多么可歌可泣的大事。我们站于其上的这片土地曾经被敌人占领。而现在，感谢拿破仑同志领导有方，我们寸土不少地又把它夺了回来!”

“我们是把原先属于我们的东西夺了回来，”拳击手说。

“这就是我们的胜利，”吱嘎说。

他们一瘸一拐进了院子。嵌进拳击手一条腿皮肤里去的铅沙弹丸造成剧烈的疼痛。他看到，从打地基开始重建风车的艰苦劳动又摆在他面前，他已经在想像中为拿下这项任务做种种准备。但他头一遭想起自己都满十一岁了，他那些了不起的肌肉恐怕已不复当年。

然而，当动物们看到绿色的旗帜迎风飘扬，听到作为礼炮的猎枪重又鸣响——总共放了七响，并且听到拿破仑祝贺他们勇敢行为的致辞时，毕竟觉得他们赢得了一场伟大的胜利。为在战斗中阵亡的动物们举行了一场隆重的葬礼。拳击手和紫苜蓿拉着充当灵车的四轮运货车，拿破仑亲自走在送葬行列的最前头。整整两天时间花在庆祝活动上。有歌咏、演讲和更多的鸣枪，给每一只动物一份特别的礼物(一只苹果)，给每一只家禽两盎司玉米，给每一条狗三块饼干。经正式宣布，这一仗已被命名为风车战役，拿破仑设计了一枚新的勋章绿旗勋章并已颁发给他自己。在一片欢腾声中，不幸的假钞事件已被忘却。

数天后，猪们在农场主宅内的酒窖里发现了一箱威士忌。当初动物们刚入主这栋住宅时，没有注意到那箱酒。这一回，即欢庆活动过后数天的那个夜晚，从宅子里传出来唱得很响的歌声，令每一只动物大为惊讶的是，其中也夹杂着《英格兰的生灵》的曲调。大约在九点半左右，有动物清楚地看见，拿破仑头戴琼斯先生的圆顶旧礼帽从后门出来，绕着院子飞快地奔跑了一圈，又消失在宅子门内。但是次日早晨，农场主的住宅笼罩在一片深深的寂静之中。没见任何一口猪有什么动静。将近九点钟时，吱嘎才露面，步态缓慢，神色沮丧，目光呆滞，尾巴无精打采地耷拉在后边，看样子病得不轻。他把动物们召集拢来，告诉他们他有一则可怕的新闻需要发布。拿破仑同志病危！

一片悲痛的哭声随即响起。农场主宅子门外地上铺了干草，动物们走路都踮着脚。他们含着眼泪彼此相问：万一他们的领袖永远离开了他们，他们该怎么办？有一则小道消息在私下里传播，认为雪球想方设法在拿破仑的食物中下毒终于得手了。十一点钟，吱嘎出来又发布了一条新闻。作为他在尘世的最后一个行动，拿破仑同志宣布了一道庄严的法令：饮酒必须被处死。

不过，到晚上拿破仑的病情似乎有所好转；次日上午，吱嘎已经能够告诉大家，拿破仑正在走向康复。及至那天晚上，拿破仑已恢复工作，而且在下一天据悉他曾指派温珀到维林敦去购买一些酿造和蒸馏技术方面的小册子。一星期后，拿破仑下令，把果园后边原先打算留作退休动物放牧地的一片小围场加以翻耕。上边给的说法是那片草场地力已经耗尽，需要重新播种；但很快大家就知道，拿破仑打算把那块地种上大麦。

大约就在那段时间，发生了一件几乎没有人能够理解的怪事。一天夜里十二点左右，院子里传来哗喇喇一阵很大的响声，动物们纷纷从各自的厩栏里跑出去。那是一个明月夜，在写有《七诫》的大谷仓外墙脚下，横着一把断成两截的梯子。一时摔昏过去的吱嘎趴在梯子旁，掉落在他手边的东西有一盏提灯、一把漆刷和一罐翻倒的白漆。护卫犬马上把吱嘎围起来，等他刚刚可以行走，便护送他回到农场主宅内去。没有哪只动物能悟出个中的道理，只有老本杰明除外——这头驴子上下微微晃动他的长鼻口作点头状，似乎对其中的奥妙心知肚明，但他什么也不会说。

可是没过几天，慕莉尔在把《七诫》念给自己听的时候，注意到其中还有一条动物们也都记错了。大家认为第五条戒律是“凡动物都不可饮酒”，而后面还有两个字他们却给忘了。实际上那条戒律是这样念的：“凡动物都不可饮酒**过量**。”

第九章

拳击手给划开一道口子的前蹄好长时间一直未能完全愈合。在庆祝胜利的活动结束后的次日，动物们已开始重新建造风车。拳击手连一天假也不愿意请，而且决不让谁看出他在带着伤痛干活。晚上他只悄悄告诉紫苜蓿，这蹄子给他造成极大的麻烦。紫苜蓿把药草嚼烂做成膏剂敷在蹄子的创口上，她和本杰明都劝拳击手别那么玩命地干。“长此以往，马的肺肯定受不了，”紫苜蓿对他说。但拳击手听不进去。他说自己只有一个真正的野心尚未实现——在他达到退休年龄之前，能亲眼看到风车正常运转起来。

在动物农场的法规刚开始制定时，最早把退休年龄定在马和猪十二岁，母牛十四岁，狗九岁，绵羊七岁，鸡和鹅五岁。退休津贴的发放标准也已一一商定。迄今为止，实际上还没有动物靠退休津贴生活，但近来关于这个话题的议论越来越多。如今果园后边的一小块地已留出来种大麦，又有流言说大草场的一角将用篱笆围起来改作老弱动物的放牧地。据说，一匹马的退休津贴为一天五磅谷物，冬季为十五磅干草，节假日还有一根胡萝卜或一只苹果。到来年夏末，拳击手的十二岁生日就要到了。

那段时间的生活艰苦得很。这一冬跟过去的一冬同样寒冷，而食物的短缺则更甚。所有动物的口粮再次被削减，只有猪和狗的口粮定额不变。吱嘎的解释是，口粮问题上缺乏灵活性的平均主义做法是与动物主义的原则背道而驰的。在任何情况下，他都能轻而易举地向别的动物证明，他们的食物实际上**并不**短缺，不管表面上看起来如何。眼下嘛，当然喽，发现有必要对口粮标准做一些调整（吱嘎永远称这是“调整”，而绝对不说“削减”），但与琼斯时代相比，还是大有改善。他用高频率的尖嗓音飞快地读出一大串数字，不厌其详地向他们证明，他们比琼斯时代拥有更多燕麦，更多干草，更多圆萝卜，他们的工作时间缩短了，他们饮用水的水质提高了，他们的寿命更长了，他们的后代成活率更高了，他们圈栏里的干草更多了，受跳蚤的滋扰减少了。动物们相信，这些话句句都是事实。说真的，琼斯以及琼斯所代表的一切，几乎已经从动物们的记忆中淡出了。他们知道，当前的生活十分艰苦，简直难以糊口，他们时常感到饥饿，时常感到寒冷，他们通常除了睡觉就是干活。不过往昔的日子更苦，这是毫无疑问的。他们乐于相信这样的说法。此外，在往昔的日子里他们是奴隶，而现在他们是自由的，那才是最根本的区别——吱嘎决不会忘了指出这一点。

如今需要饲养的动物数量大增。秋天，四口母猪差不多同时都下了仔，总共产下三十一只小猪。这些幼仔都是花斑猪，既然拿破仑是农场内唯一的公猪，也就可想而知他们来自谁的血脉。已经宣布，稍迟等买齐了砖头和木料，在农场主宅子的花园内将要盖起一间教室。暂时小猪们由拿破仑在宅子的厨房里亲自施教。他们在花园里做健身运动，不准和别的小动物一起玩。大致也在这个时候，如果一口猪和任何别的动物在小路上相遇，别的动物必须靠边站——这已经作为一条规矩定了下来。同样，所有的猪，不管属于哪一等级，一概享有星期日在他们的尾巴上系绿缎带的特权。

农场这一年的收成相当不错，但仍缺乏资金。盖教室需要购买砖头、沙子和石灰，另外也必须开始积攒资金——还是为了与风车配套的机械设备。还有，宅内需要点灯的油和蜡烛，需要供拿破仑自己享用的食糖（他禁止别的猪吃糖，理由是吃糖会使他们发胖），需要经常补充的各种易耗品，诸如工具、钉子、绳子、煤、铁丝、铁片和喂狗的硬饼干等等。一个干草垛和土豆收成的一部分已经卖掉，鸡蛋合同规定提供的数量已增至每周六百枚，因而这一年母鸡孵出的小鸡数量仅够使鸡的存栏数保持原来的水平。动物的口粮十二月份已减过一次，二月份再次削减；厩舍里禁止点灯以节省灯油。但是猪们看来过得挺滋润，单从他们实际上都在长膘即可见一斑。二月将尽的一天下午，一股温润、浓郁、开胃的香气，从厨房后面在琼斯时代一直弃用的酿酒小作坊隔着院子飘送过来，这种香味对动物们来说可谓闻所未闻。有动物说这是蒸煮大麦的气味。动物们贪婪地猛吸这股味儿，心想是不是在做一锅又香又热的糊糊给他们当晚餐。但是热糊糊没有盼到，接下来的一个星期天居然宣布从今往后所有的大麦都得留给猪们。果园后面的一块地已经种上大麦。很快又有消息泄露出来，说现在每口猪得到的配额是每天一品脱啤酒，单单给拿破仑享用的一份则为半加仑，总是盛在王冠德比带盖汤碗里端给他的。

但是，如果说有这样那样的艰难困苦必须忍受的话，它们也被这样一个事实部分抵消掉了：现今的生活具有比过去较多的尊严。歌声多了，讲演多了，列队游行多了。拿破仑下令每周必须举行一次名为自发性游行的活动，目的在于庆祝动物农场的斗争和胜利。所谓的自发性游行，就是动物们在指定时间放下他们的工作，编成军事化队形绕着农场的地界行进，由猪们领头，随后是马，然后是母牛，其后是绵羊，再后是家禽。狗走在队伍的两侧，而位于所有动物之首的是拿破仑的黑色小公鸡。拳击手和紫苜蓿总是合抬着标有蹄子和头角的绿色旗帜，上面还有“拿破仑同志万岁!”的字样。游行之后是为颂扬拿破仑而作的诗歌朗诵和吱嘎的演说，其中不乏最新的粮食增产数据，有时也来一下鸣枪作伴奏。绵羊们是自发性游行最热心的拥护者，如果有谁发发牢骚(只要猪或狗不在近处，个别动物有时会这样做的)，说这纯粹是浪费时间，让大家在寒风中站上好半天云云，那么绵羊们肯定会以一片价来势汹汹的咩咩大合唱“四条腿好，两条腿坏!”令抱怨者闭嘴。不过，一般说来，动物们还是喜欢这类庆祝活动的。说到底他们乐意听这样的话：他们是自己真正的主人，他们干的活都是为了他们自己的福祉，等等。由于歌声嘹亮，游行队伍浩浩荡荡，吱嘎提供的一大串数字为农场增光，加之猎枪频频鸣响，小公鸡喔喔喔啼得欢畅，旗帜在猎猎声中迎风飘扬——由于身在这一切之中，动物们有可能忘却他们的肚子是空的，至少部分时间可能忘却。

四月，动物农场宣布成立共和国，这样就需要选举一位总统。候选人只有一名，即拿破仑，他自然毫无异议地当选此职。就在同一天，据悉又有新的文件被发现，这些证据揭露了雪球与琼斯互相勾结的更多细节。现在看来，雪球并不如动物们原先想像的那样，仅仅企图通过要阴谋诡计输掉牛棚战役，他还曾站在琼斯那一边公开与我们为敌。事实上，此人正是高呼着“人类万岁!”冲进战役现场的那支人类军队的头头。个别动物一直记得曾见过雪球背上的伤口，其实那是拿破仑的牙齿给咬破的。

夏犹未央，乌鸦摩西在阔别数年之后忽然重又在农场现身。他一点儿没有改变，还是不干活，照旧用那副老腔调讲糖果山的故事。他会蹲在一个树桩上，扑棱着他的黑翅膀，向愿意听的任何一位讲上个把钟点。“在那上面，同志们，”他会用他的大嘴朝空中一努，郑重其事地说，“在那上面，就在你看得见的那块乌云的另一边，有座糖果山，在那片乐土上，我们这些可怜的动物就可以得到休息，永远不用劳动!”他甚至声称在他飞得特别高的一次远程翱翔中到过那里，看见过永远鲜嫩肥美的苜蓿地，还有长在树篱上的亚麻籽饼和方糖。许多动物相信他的故事。他们推理的过程如下：他们现在的生活总是饿得要命，累得要死；而别处存在着一个比这儿好的世界，这有什么不对，有什么不应该?难以做出判断的倒是猪们对待摩西的态度。猪们全都以不屑的口气宣布摩西所讲关于糖果山的故事纯属胡编乱造，然而他们又允许他留在农场，什么活也不干，每天还可得到七分之一升啤酒的津贴。

拳击手在蹄伤痊愈后，干活更比任何时候卖力。其实，那一年所有的动物都像奴隶一般劳动着。除了农场的常规工作和风车重建工程，还要为小猪盖已于三月份动工的教室。有时候在不相称的伙食条件下长时间劳动确实难以忍受，但拳击手从不脚步踉跄。在他的言语和行动中，完全没有任何迹象显示他的力气已不如当年。只是他的形态起了些许变化；他的毛皮的光泽已较过去逊色，他那巨大的胯部似乎收缩了。有动物说："等春草长出来后，拳击手还会再硬朗起来"；然而，春天来了，拳击手却不见长膘。有几回在把一块大圆石往采矿场坡顶上拉的时候，只见他把全身肌肉绷得紧而又紧，顶住巨石下滑的重量，那时除了咬紧牙关坚持到底的意志力，好像再也没有什么能支持他站直了不趴下。每当这样的时刻，可以看到拳击手的嘴唇在翕动，似欲吐出那句"我会更加努力工作"；他实在没有力气说出声来。紫苜蓿和本杰明再一次告诫他必须注意身体，但拳击手不加理会。他的十二岁生日快要到了。只要在他退休之前能积累起足够多的石头，其余的事情他一概不放在心上。

夏天的一个晚上，突然有流言在农场里传开，说是拳击手出来了。他独自出了马厩到风车那儿去拉一车石头。十之八九，这次传闻不会是谣言。仅过了几分钟，两羽鸽子飞速赶回，带来的消息是："拳击手倒下了！他侧卧在地上起不来！"

大约农场的半数动物跑了出去，直奔风车所在的小山丘。拳击手躺在那儿，身体卡住在两根辕木之间，脖子向前伸出，头却抬不起来。他的双目呆滞无神，他的腹部已被汗水浸透。一条鲜血的细流从他的口中滴出来。紫苜蓿跪倒在他身旁。

“拳击手！”她呼喊着，“你怎么啦？”

“是我的肺惹的祸，”拳击手的声音很微弱。“没什么大不了。我想，少了我一个，你们照样能把风车建成。石头已经积累了好多。我撑死也不过再干一个月。实话告诉你们，我一直盼着能够退休。本杰明也越来越老了，兴许他们会让他跟我同时退休，好给我做个伴儿。”

“我们必须立刻得到救助，”紫苜蓿说。“快跑，随便哪个去都行，告诉吱嘎这儿出事了。”

其他动物马上全都跑回宅子去给吱嘎报信。只留下紫苜蓿，还有本杰明——他在拳击手身旁靠卧下来，一声不吭，不断甩动他的长尾巴为拳击手轰赶苍蝇。大约一刻钟以后，吱嘎现身了，满脸都是同情和关切。他说，拿破仑同志怀着最深切的悲情获悉，农场最忠诚的员工之一遭遇这样的不幸，他已经在设法把拳击手送到维林敦的医院去接受治疗。动物们听说后，心里有些不自在。除了莫丽和雪球，还没有别的动物离开过农场；他们不愿去想自己一个病倒的同志将落入人类之手。不过，吱嘎有办法轻而易举地使他们相信，维林敦的兽医能把拳击手的病治得比在农场里所能做的更满意。约莫半小时以后，拳击手的状况稍稍有所缓解，大家费了不少劲儿帮他站立起来，然后扶着他一瘸一拐回到他自己的马厩里，紫苜蓿和本杰明在那儿用干草已为他铺就一张很好的床。

接下来的两天拳击手待在自己厩内足不出户。猪们捎来了他们从浴室药箱里找到的一大瓶粉红色药水，由紫苜蓿每日两次饭后喂给拳击手喝。晚上她靠卧在拳击手厩内跟他说说话，本杰明则给他轰苍蝇。拳击手坦言对于所发生的事并不觉得太遗憾。倘若他恢复得好，也许可以指望再活三年，所以他期盼着彼时他将在大草场的角落里安度自己平静的晚年。那将是他第一次有闲暇学文化，益心智。他说自己打算把有生之年用于学认 A， B， C， D 之后余下的二十二个字母。

不过，本杰明和紫苜蓿只能用收工后的时间来陪伴拳击手，而一辆大篷车却在光天化日之下把拳击手拉走了。当时动物们正在一名猪工头的监督下给圆萝卜锄草，蓦地大吃一惊地看到本杰明从农场居住区方向奔跑过来，一边发出把嗓门扯到最高极限的驴叫。这是大家头一回看到本杰明如此激动——也难怪，无论哪一位看到本杰明撒蹄狂奔，肯定都是头一回。“快，快！”本杰明拼命喊叫。“赶快过来！他们要把拳击手拉走！”动物们不等猪工头发令，一齐撂下手上的活跑回居住区。果然，院子里停着一辆由两匹马拉的大篷车，它的车身上不知写着什么字，驭者座上坐着一个头戴低顶圆礼帽、长得贼眉鼠眼的汉子。而拳击手的马厩却是空的。

动物们把大篷车团团围住。“再见，拳击手！”大家齐声喊道。“再见！”

“笨蛋！全是笨蛋！”本杰明怒喝道。同时绕着他们大吵大跳，还连连往地上跺着他的小蹄子。“笨蛋！难道你们没瞧见车身上写的是什么？”

动物们暂时停止嚷嚷，只听到有谁发出示意肃静的嘘声。慕莉尔开始拼读上面的单词。但本杰明把她推到一边，并在一片死一般的寂静中念道：

“‘阿尔弗雷德·西蒙兹，屠马兼熬胶，住维林敦镇。经销兽皮和骨粉。可为养犬客户送货上门。’你们可懂得那是什么意思？他们要把拳击手拉到屠马作坊去！”

所有的动物顿时发出一片恐怖的号叫。就在这个当口儿，驭者座上那个汉子往马身上猛抽一鞭，大篷车驶出院子开始轻快地小跑。动物们一齐跟上去，扯开最大的嗓门竭力呼喊。紫苜蓿从动物堆里挤到最前头。大篷车开始加速。紫苜蓿试图抖擞她粗壮的四肢，把速度提到飞跑，却仅仅达到慢跑。“拳击手！”她大声喊叫！“拳击手！拳击手！拳击手！”直到此刻，拳击手似乎听到了车外的喧哗似的，他鼻梁上抹着一道白色的那张脸，才出现在大篷车背后一扇小窗口。

“拳击手！”紫苜蓿惊恐万分地喊道。“出来！快出来！他们把你拉去是要你的命！”

所有的动物也都跟着紫苜蓿一起喊叫：“出来，拳击手，快出来！”但大篷车已越跑越快，即将把动物们甩掉。不知道拳击手是不是明白了紫苜蓿向他呼喊的意思。但稍过了一会儿，他的脸从窗口消失了，接着可以听到大篷车里边马蹄击鼓一般蹬踏车身的巨响。他在努力为自己踢开一条出路。想当年拳击手的蹄子只消挥上几拳踢上几脚，早就把这辆车拆成只能做火柴杆子的碎片了。然而，嗐！他的力气再也不在他的身上；转眼间，马蹄击出的鼓点越来越微弱，终于听不见了。动物们在绝望中开始呼吁拉大篷车的那两匹马停下来。“同志们，同志们！”他们苦苦哀求。“不要把你们自己的兄弟拉去送命!”但是那两头愚蠢的畜生实在太无知，哪里搞得清即将发生什么事情，只见他俩两耳向后一抿，反倒加快了脚步。拳击手的脸再也没有出现在小窗口。倒是有动物想到过赶在马车之前去把有五道闩的大门关上，可是太晚了；才一眨眼的工夫，大篷车已经出了大门，迅即沿着大路去远直至消失。从此再也没有谁见到过拳击手。

三天后，上面宣布拳击手已在维林敦医院里去世，尽管他得到了一匹马所能得到的种种照料。是吱嘎来把这一消息向其他动物宣布的。吱嘎说他在拳击手弥留之际的最后几个小时一直守护在侧。

“这是我所见过的最令我感动的场景!”吱嘎说着举起他的一个蹄子抹去一滴眼泪。“我在他的病床旁边一直守到他咽气。临终前，他虚弱得连说话的力气都没有了，只能对我附耳低语，说他唯一的遗憾就是走在风车竣工之前。‘前进，同志们!’他贴在我耳边说。‘以造反的名义，前进。动物农场万岁！拿破仑同志万岁！拿破仑永远正确!’这是他最后的几句话，同志们。”

说到这里，吱嘎的神态陡然一变。他沉默片刻，两只小眼睛把怀疑的目光从这一边扫到另一边，然后继续发言。

他说，据他了解，在拳击手离开农场时，一个荒唐而又恶毒的谣言曾经得到传播。某些动物注意到，接走拳击手的大篷车标有“屠马”字样，竟然一下子得出拳击手被送到屠马作坊去了的结论。吱嘎说，简直难以置信，无论什么动物怎么可能糊涂到这种程度。“按说，这些动物对他们敬爱的领袖拿破仑同志应该有更深的了解，难道不是吗?”吱嘎气愤地大叫大嚷，同时频频摆动他的尾巴，不断地跳来跳去。他说解释其实再简单不过了。大篷车先前是屠马夫的财产，后来卖给了兽医，而兽医还没来得及把老名字涂掉。误会就是这样引起的。

听了这番话，动物们总算长舒了一口气。及至吱嘎继续讲了更多有关拳击手临终情形的生动细节，他在医院里得到何等无微不至的关怀，好些昂贵的药品都是拿破仑付的账，根本不考虑价格，等等——动物们最后的一些疑虑也都烟消云散，他们对自己同志的死所感到的悲伤，也由于想到他至少死得很幸福而得到缓解。

拿破仑亲自出席了随后的星期日集会，并且发表了一篇悼念拳击手的简短演说。他说，由于种种原因，不能把他们已故同志的遗体运回农场安葬，但他已下令用宅子花园里的月桂枝做一个大花圈，送去放在拳击手的墓上。数日内猪们还准备举行一次怀念拳击手的宴会。拿破仑在结束他的演说时引用了拳击手心爱的两句格言。“‘我会更加努力工作’和‘拿破仑同志永远正确’这两句格言，”他说，“我奉劝每一只动物最好都把它们当成自己的座右铭。”

到了预定举行宴会的那天，一辆生鲜食品商的送货马车从维林敦驶来，把一个大板条箱送到农场主宅内。那个夜晚宅子里唱歌声喧闹异常，随后传来的声音像是一场激烈的吵架，临了在十一时许则是乒乒乓乓砸碎玻璃的可怕声响。第二天中午以前，宅子里毫无动静，谁也没有起身，但有风声传来，说猪们不知打哪儿、通过什么手段搞到钱以后又买了一箱威士忌。

第十章

几年过去了。寒来暑往，时光流逝，寿命不长的动物一生更如白驹过隙。已经到了没有谁还记得造反前是怎么回事的那样一个时代，除了紫苜蓿、本杰明、乌鸦摩西和几口猪。

母山羊慕莉尔死了；蓝铃铛、杰茜和钳爪都死了。琼斯也死了——他死在本郡另一头的酒鬼收容所里。雪球已被遗忘。拳击手也被遗忘了，除非少数认识他的动物才记得。紫苜蓿如今已是一匹发福的老母马，关节僵硬，眼睛动辄分泌黏液。她已超过退休年龄两岁，但实际上从来没有动物真正退休。给超龄动物留出草地一角之议，早就被束之高阁。拿破仑如今是一头重达三百三十磅的成熟公猪。吱嘎胖得几乎睁不开眼睛。唯独老本杰明大体上还是过去的模样，只是鼻口处的毛色稍增灰白，还有就是自打拳击手死后越发孤僻自闭，寡言少语。

如今农场里的动物增加了许多，尽管增长幅度并不像早些年头预期的那么大。对于后来出生的动物，造反仅仅是一个口口相传的模糊的传说，而另一些从别处购进的动物，在来到此地之前压根儿就没听谁提起过这么一档子事。现在农场除紫苜蓿外拥有三匹马。他们都是挺拔健壮的好牲口，勤劳肯干，和睦友好，只是蠢得要命。他们中没有一匹认得 B 以后的字母。他们全盘接受所听到的关于造反和动物主义原则的说法，尤其是出自紫苜蓿之口的，因为他们对紫苜蓿怀有近乎孝心的尊敬；不过，他们对于所听到的究竟能懂得多少，那可要存疑了。

现在的农场比往昔较为富裕，生产组织得也较好；它的面积有所扩大，增加了从皮尔金顿那儿购得的两块地。风车最终还是圆满建成了，农场拥有属于自己的一台脱粒机和一台捆草机，此外还新盖了各种不同的建筑物。温珀给自己购置了一辆双轮轻便马车。不过，风车到头来却并没有用于发电。它被用来碾磨谷物，收益颇丰。动物们正在努力建造另一座风车；据说等这第二座建成后将要安装发电机组。不过，当初雪球教动物们梦想过上的奢华生活——有电灯照明和冷热水齐全的厩舍，一周三天工作制——再也不谈了。拿破仑指责这种想法是与动物主义的精神背道而驰的。他说，真真正正的幸福就在于勤奋的工作和俭朴的生活。

不知怎么的，虽然农场比过去富了，可是动物们自己似乎并没有什么富裕起来的迹象——当然，猪和狗不在此例。也许，部分原因就在于有那么多的猪和那么多的狗。倒不是说这两种动物不劳动——这是他们的做派。问题在于，就像吱嘎从来不厌其烦地解释的那样，在农场的管理和组织方面有干不完的工作。这些工作中有许多属于其他动物过于无知而理解不了的。例如，吱嘎曾告诉他们，猪不得不每天耗费大量劳动在叫做“档案”、“报告”、“议事录”、“备忘录”的神秘事务上头。那都是大张大张的纸，必须在上面密密麻麻地写上字，一旦这些纸写满了字，就会放到炉子里烧掉。这对农场的福祉都是至关重要的，吱嘎说。但迄今为止，猪也罢，狗也罢，都还没有用他们自己的劳动生产过任何食物；而他们的数量却非常之多，他们的胃口又始终非常之好。

至于其他动物，据他们所知，他们的生活还一直是老样子。他们普遍吃不饱，睡干草，喝池塘水，干农活；冬天他们苦于寒冷，夏天受苍蝇骚扰。有时他们中年龄大些的，会去搜索他们模糊的记忆，试图就这样一个问题做出判断：在早先造反的日子里，那会儿琼斯被赶走还不太久，当时的日子是比现在好，还是比现在差。他们记不起来了。他们没有任何东西可以拿来同当前的生活做比较，因为他们没有任何参照的依据，除非以吱嘎的长长一大串一大串数字为准，而这些数字一贯表明任何事物都是越来越好，越来越好。动物们发现这个问题没法儿解决；他们现在没工夫思考这些事情。只有老本杰明表示自己漫长一生的每一个细节他都记得起来，也知道事情从来没有、也永远不会大大好于过去或大大不如过去——反正饥饿、辛苦和失望是生活的不变法则，他如是说。

然则动物们从不放弃希望。非但如此，他们从来不曾，哪怕只是短短的一瞬间也不曾丧失自己作为动物农场成员之一的荣誉感和优越感。他们至今仍是全郡——也是全英格兰！——唯一属动物们所有并由动物们运作的农场。他们中的任何一员，即便是最年轻的，即便是从十英里或二十英里以外买来的，无不始终对这一点感到惊讶。每当他们听到猎枪鸣响，看见绿旗在旗杆顶上迎风飘扬，他们心中总会充盈着不灭的自豪，于是话题必然转向往昔的英雄岁月，转向驱逐琼斯，书写《七诫》，以及入侵的人类被打得落荒而逃的那两次伟大战役。旧时的梦想一个也没有舍弃。老少校曾经预言的动物共和国，动物们仍坚信不疑，到那时英格兰的绿野将不容人类践踏。这个预言总有一天会实现，也许不会很快，也许目前活着的任何动物有生之年谁也盼不到，可那一天还是会到来。甚至《英格兰的生灵》的曲调也有动物在这里或那里偷偷哼唱，至少农场的每一只动物都知道这首歌总是一个事实，尽管谁也不敢大声唱。他们的一生也许过得很苦，他们的希望也许并没有完全实现，但他们意识到自己跟别的动物不一样。如果他们吃不饱，那并非由于必须养活对他们实施暴政的人类；如果他们工作很辛苦，至少他们是为自己工作。他们中没有谁是用两条腿行走的。没有哪只动物称任何别的动物“东家”。凡动物一律平等。

入夏不久的一天，吱嘎命令几只绵羊跟他走，并把他们带到农场另一头一块蔓生着许多桦树苗的荒地上。绵羊们在那儿呆了一整天，在吱嘎的监督下啃食嫩叶。傍晚，吱嘎独自回到宅子，但由于天气暖和，他吩咐绵羊们仍留在荒地上。结果他们在那儿一留就是整整一个星期，这段时期其他动物都不见他们的踪影。吱嘎每天的大部分时间都和绵羊待在一起。他说自己在教他们唱一首新歌，必须不受打扰。

直到绵羊们回去以后，一个惬意的傍晚，动物们已经收工，正在返回农场居住区的路上，这时从院子里传来一匹马受惊的嘶鸣，收工的动物们给吓得在原地站住，一动也不动。那是紫苜蓿的嘶叫声。她再次发出一声长啸，这一回所有的动物全都撒腿飞奔冲进院子。这时他们看到了紫苜蓿所看到的情景。

那是一头猪在用他的后腿行走。

没错，那是吱嘎。他正从院子的一头向另一头踱去，稍稍显得有点儿笨拙，仿佛还不太习惯按这样的姿势支撑自己硕大的身躯，但平衡保持得十分完美。仅仅过了片刻，从农场主宅子门内走出一长列猪，全都用他们的两条后腿行走。一些猪走得比另一些好些，有一两头甚至步态略显不稳，看样子他们最好能有一根拐棍作支持，但他们每一头都成功地绕院子走了一圈。临了是一片惊心动魄的狗叫和黑色小公鸡喔喔喔的尖声啼鸣，于是拿破仑亲自驾临，气宇轩昂，目光傲慢地从这一边扫向另一边，他的狗保镖们在他周围又蹦又跳。

他的前蹄夹着一条鞭子。

这时出现了一片死一般的寂静。

惊愕、恐惧的动物们互相挤做一团，瞧着猪们排成长列绕院子缓慢行进。这光景就像是世界给倒了个儿似的。当最初的震悚已经消逝，尽管他们仍然慑于狗们的淫威，尽管经年累月养成的习惯就是不管发生什么事情概不抱怨，概不批评，尽管这一切并没有改变，但现在已到了这样的时刻，动物们可以置以上的一切于不顾，说出一两句表示抗议的话了。但是，恰恰在这个当口儿，所有的绵羊像接到一个信号似的，一下子爆发出声势汹汹的咩咩大合唱——

"四条腿好，两条腿更好！四条腿好，两条腿更好！四条腿好，两条腿更好！"

如是者共持续达五分钟之久，没有停顿。及至绵羊们完全静下来，表示任何抗议的机会已经成为过去，因为猪们的队伍回到宅内去了。

本杰明感到有一个鼻子挤压着他的肩膀。他转过头去一看，是紫苜蓿。她的老眼似乎比以往任何时候更加昏花。她什么也不说，只是轻轻拽住本杰明的鬃毛把他带到写着《七诫》的大谷仓尽头外墙跟前。他俩站住脚，盯着涂了柏油写上白字的那堵墙约莫有一两分钟。

“我的眼神越来越不济了，”紫苜蓿终于说。“即使在我年轻时我也念不了那上面写的什么。可是我总觉得那堵墙看上去跟以前不一样。这《七诫》还是往常的《七诫》吗，本杰明?”

本杰明只此一遭同意打破他自己的规矩，把写在墙上的字念给紫苜蓿听。如今墙上只有一条戒律，其余什么都没有。那唯一的一诫是:

凡动物一律平等

但是有些动物比别的动物更加平等

明乎此，第二天农场里的监工猪一个个都用蹄子夹着皮鞭就不足为怪了。之后，据悉猪们又给自己购置了无线电收音机，并准备安装电话，还订阅了《约翰牛》、《花边新闻》和《每日镜报》，当然也不足为怪。同样不足为怪的还有拿破仑被看见叼着一支烟斗在农场主宅内花园里散步——

不，不，甚至还有猪们把琼斯先生衣柜里的服装取出来穿在自己身上；拿破仑自己公然身穿黑上衣、猎装裤，绑着皮裹腿招摇过市；而深得他宠爱的一头母猪身上则是过去琼斯太太星期日才穿的一袭波纹绸连衣裙。

一周后的下午，一溜儿好几辆双轮小马车来到农场。由附近几位农场主组成一个代表团应邀前来考察。来宾们被领到农场各处参观，他们对所看到的一切，特别对风车表示高度赞扬。动物们正在萝卜地里锄草。他们干得很勤勉，眼睛一直看着地上，几乎连头也不抬，不知道他们更害怕猪还是人。

那天晚上，从农场主宅内传来喧闹异常的欢笑声和唱歌声。忽然间，动物们被混杂在一起的各种声音激起了好奇之心。既然动物和人头一回平起平坐聚在一起，倒要瞅瞅究竟会发生什么事情？于是他们不约而同地尽可能放轻脚步开始向农场主宅子的花园里溜进去。

到门口他们停了下来，不太敢再往前走，但紫苜蓿带头走进去。他们踮着脚挨到宅子跟前，某些个子够高的动物通过餐厅的窗户朝里张望。那里，在一张长桌周围坐着六个农场主和六头地位较高的猪。拿破仑自己占着餐桌一端的荣誉席位。猪们坐在椅子上的姿态相当自在。宾主们原先在打牌散心来着，后来放下纸牌暂停片刻，显然为了举杯祝酒。一把大酒壶不断传来递去，带把儿的大杯子一再斟满啤酒。谁也没有注意到，动物们一张张神情讶异的脸正从窗外一眼不眨地往里凝视。

狐苑农场的皮尔金顿先生手执酒杯站起身来。他说，此刻他想请在座的诸位干上一杯。但在举杯之前，他觉得自己有义务先说几句话。

皮尔金顿先生说，能感到很长一个时期以来的不信任和误会现已告终，这对他来说是皆大欢喜的缘由——他相信对在座的其他各位来说亦然如此。曾经有一段时间——虽然他或在座的任何一位都不认同这种态度——但确实曾有一段时间，尊敬的动物农场几位业主遭到来自他们的人类邻居的……他不愿说敌视，但或许可以说是某种程度的猜疑。不幸的事件时有发生，错误的观念被普遍接受。当时觉得，一家由猪当业主和经营管理的农场的存在，总有些不太正常，会对周边邻居产生一种不安定的影响。为数极多的农场主未做调查研究便认定，这样的农场里主宰一切的必然是无法无天、恣意胡为的歪风邪气。这些农场主十分忧虑他们自己的动物乃至他们的人类雇员会受到影响。但所有这一切疑虑如今均已消除。今天他和他的几位朋友一起来动物农场参观访问，亲眼考察了这里的每一寸土地，他们发现了什么呢？不光操作规程是最现代的，而且工作纪律严明，到处井然有序，这些对于任何地方的农场主都堪为楷模。动物农场的低等动物比郡内任何动物干的活更多，而消耗的饲料却更少——他相信自己这样说没错。确实，他和他的同行参观者们今天看到的很多东西，他们打算马上引进到自己的农场里去。

他说，在发表自己这番感想的末尾，他要再一次强调，过去存在于动物农场与它邻居之间的友好感情应该继续留存下去。猪与人之间过去没有，也没有必要产生任何利害冲突。他们努力奋斗的目标和面临的困难是相同的。劳工问题在任何地方不都是一样的吗？说到这里，皮尔金顿先生显然有意向大家抛出一句精心准备好的俏皮话，然而有一瞬间他自己越想越觉得可笑，以致话也说不出来。他呛了好一阵子，在这期间他那呈多级台阶状的下巴转成了紫色，呛过以后，他总算说出了口："你们有你们的低等动物需要对付，"他说，"我们有我们的下层阶级需要摆平！"这句妙语一出，举座为之笑得前俯后仰；于是皮尔金顿先生就他在动物农场观察到的食品定量低、工作时间长以及绝无纪律松弛现象再一次向猪们表示祝贺。

皮尔金顿先生最后请在座各位全体起立，先把各自的酒杯斟满。“先生们，”皮尔金顿说，“先生们，我建议大家一起举杯：祝动物农场财运亨通!”

这时响起一片兴高采烈的欢呼声和跺足声。拿破仑心里简直乐开了花，竟然离开自己的席位，绕到桌子另一端去跟皮尔金顿先生先碰过杯，然后再一饮而尽。这一轮的祝酒和欢呼平静下来后，依然用两条后腿站着的拿破仑表示他也有几句话要说。

和拿破仑所有的发言一样，这次讲话也很短，而且直奔主题。他说，他对于误会误解的时期终于结束也感到很高兴。在一个长时期内有流言在传播——他有理由认为是敌人恶意散播的——说他自己以及他的同事们的观点含有某种颠覆性，甚至革命性的内容。外界认为他们图谋煽动附近几家农场的动物起来造反。没有比这种谣言离事实真相更远的了！拿破仑和他的同事们的唯一愿望，现在和过去都是同他们的邻居和睦共处，保持正常的商务关系。他补充说，他有幸负责监管的这个农场，是一个合作社性质的企业。由他亲自保管的产权证书属于猪们共有。

他说他不信旧的猜疑还会残存下来，但前不久农场在规章制度方面还是做了若干变更，这些举措应该会收到进一步推动互信的效果。到目前为止，农场的动物们有一个颇为愚蠢的惯例，就是互相称呼“同志”。这个称呼必须禁止使用。另外还有一条非常奇怪的旧规，其起因已无从查考，那就是每星期日早晨必须列队走过钉在花园内木柱上的一个公猪头颅。这一陋规也将取消，那个骷髅头已经被掩埋。来宾们可能已经看到有一面绿色旗帜飘扬在旗杆顶上。如果看到了，他们或许会留意原先标在旗帜上面的白色蹄角现在已被撤去。今后它将是一面素色的绿旗。

他说，对于皮尔金顿先生刚才那一席洋溢着睦邻友情的精彩讲话，他只有一点批评意见。皮尔金顿先生始终称本农场为“动物农场”。皮尔金顿先生当然不可能知道——因为他，拿破仑，现在才第一次正式宣布此事：“动物农场”这个名称已经废除。今后农场将被称为“庄园农场”——他相信这才是农场正确的原名。

“先生们，”拿破仑如此结束他的发言，“我也要像刚才那样建议大家一齐举杯，但要换一种方式。请把你们的酒杯斟满。先生们，我的祝酒词是：祝庄园农场财运亨通！”

又是和先前同样尽兴尽情的欢呼，酒杯里全都点滴不剩。但是，就在动物们从窗外注视着这幅景象时，他们觉得好像有什么事情快要发生了。猪们的脸上究竟什么起了变化？紫苜蓿的老眼把昏花的视线从一张脸移到另一张脸。其中一张有五个下巴颏儿，一张有四个，一张有三个。但究竟是什么似乎在漫漶和变化？这时，掌声停息，宾主拿起纸牌继续玩刚才被打断的牌戏，窗外的动物们悄无声息地离开那儿。

但是他们走开还没有超过二十码距离，又骤然站住。好多条嗓子大吵大嚷的喧哗声从农场主宅内传来。动物们赶回去重又朝窗内张望。没错儿，一场激烈的争吵正在进行中。那里边有破口大骂的，有拍桌子的，有犀利的目光怀疑对方作弊的，有气急败坏矢口否认的。翻脸的缘起好像是拿破仑和皮尔金顿先生同时都打出一张黑桃A。

十二条嗓门暴跳如雷地吼叫，声音全都一个样。这下弄明白了，猪们的脸究竟出了什么问题。敢情动物们从窗外朝里望，目光从猪移到人，再从人移到猪，又重新从猪移到人，要分清哪张脸是猪的，哪张脸是人的，已经不可能了。

附录：《动物农场》乌克兰文版序

乔治·奥威尔

〔1947 年 3 月，奥威尔为乌克兰文版《动物农场》专门写了一篇序，该版由慕尼黑乌克兰流落异国者组织于同年 11 月发行。奥威尔原稿已不可觅，这里发表的是根据乌克兰文译文重译回英文的。〕

我受嘱为《动物农场》乌克兰文译文版写一篇序言。我很明白我是在为我根本不了解的读者写这篇序言，我也知道他们大概也从来没有丝毫机会了解我。

在这篇序言中，他们大概最希望我谈一谈《动物农场》是怎么起意的，不过我首先要谈一谈我自己和我形成今天的政治态度的经历。

我于 1903 年生于印度。我的父亲是那里的英国行政机构的一名官员。我的家庭是军人、教士、政府官员、教员、律师、医生等等这种普通的中产阶级家庭。我是在伊顿受的教育，那是英国公学中最昂贵和最势利的。但是我只是靠奖学金才进去的；否则，我的父亲无力供我上这样一种类型的学校。

我离校以后不久(当时我还不满二十岁)，我就去了缅甸，参加印度帝国警察部队。这是一支武装的警察部队，一种宪兵一样的队伍，很像西班牙的国内警卫队或法国的别动队。我在那里服役五年。它不适合我的个性，使我痛恨帝国主义，虽然那时候缅甸的民族主义感情并不十分显著，英国人和缅甸人的关系并不特别坏。1927 年我回英国休假时辞了职，决定当作家。开始时并没有特别成功。在 1928—1929 年之间，我住在巴黎，写没有人会出版的短篇小说和长篇小说(后来我把它们都销毁了)。在以后几年，我的生活基本上是勉强糊口，过一天算一天，好几次还挨过饿。只是从 1934 年起，我才能够靠写作的收入生活。与此同时，我有时接连好几个月生活在穷人和半犯罪分子中间，他们住在穷人区的最破烂的地方，或者流浪在街上行乞和偷窃。那个时期我因为没有钱才同他们为伍，但到了后来，他们的生活方式本身引起了我极大的兴趣。我花了好几个月(这一次是十分有系统地)研究英国北方矿工的状况。到1930年为止，就整体来说，我并不认为我是个社会主义者。事实上，我当时还没有明确的政治观点。我所以成为拥护社会主义者主要是出于对产业工人中比较穷困的一部分受到压迫和忽视的情况感到厌恶，而不是出于对计划社会有什么理论上的想望。

我在1936年结婚。几乎就在那同一星期，西班牙爆发了内战。我的妻子和我都想到西班牙去为西班牙政府作战。我们一等到我手头在写的书写完，六个月内就做好了准备。在西班牙我在阿拉贡前线呆了几乎六个月，一直到在韦斯卡被一个法西斯狙击手打穿了我的喉咙。

在战争初期，外国人总的来说是不了解各个拥护政府的党派之间的内部斗争的。由于一系列的偶然事件，我没有像大多数外国人那样参加国际纵队，而参加了P. O. U. M.[①]的民兵。

① 西班牙一小党马克思主义统一工人党的缩写。

因此在1937年中，共产党得到了对西班牙政府的控制权(或者说部分控制权)并且开始迫害托派以后，我们夫妇俩发现自己已属受迫害之列。我们很幸运活着逃出了西班牙，连一次也没有被捕过。我们的许多朋友被枪决，其他的在狱中关了很久，或者干脆失踪了。

西班牙的这些大搜捕是与苏联国内的大清洗同时发生的，可以说是对大清洗的补充。在西班牙和在苏联都是一样，攻击的罪名(即与法西斯分子共谋)是同样的，但就西班牙而论，我有一切理由相信，这些攻击都是莫须有的。这一切经验是一个宝贵的客观教训：它告诉我极权主义的宣传能够多么轻易地控制民主国家开明人民的舆论。

我的妻子和我都看到无辜的人被投入监狱，仅仅因为他们被怀疑有不正统思想。但是，在我们回英国以后，我们发现许多思想开明和消息灵通的观察家们居然相信报界发自莫斯科审判现场关于阴谋、叛国和破坏的荒乎其唐的报道。

因此我也比以前更加清楚地了解了苏联神话对西方社会主义运动的消极影响。

这里，我必须停下来谈一谈我对苏维埃政权的态度。

我从来没有去过俄罗斯，我对它的了解只是通过读书看报而得到的。即使我有这力量，我也不想干涉苏联内部事务：我不会仅仅因为斯大林和他的同事的野蛮和不民主的手段而谴责他们，很有可能，即使有最好的用心，在当时当地的情况下，他们恐怕也只能如此行事。

但是在另一方面，对我来说，极其重要的是，西欧的人们应该看清楚苏联政权的真正面目。自从1930年以后我很少看到有什么证据能够证明苏联是在向我们可以真的称为社会主义的方向前进。相反，我对它转变成为一个等级森严的社会的明显迹象感到吃惊。在这样一个社会里统治者像任何其他统治阶级一样都不愿意放弃权力。此外，在英国这样一个国家里的工人阶级和知识分子都无法理解今天的苏联已完全不同于1917年的它了。这一部分是因为他们不愿意理解(即他们希望相信在什么地方的确有一个真正的社会主义国家存在)，一部分是因为，他们习惯于公共生活中的比较自由和节制的环境，极权主义是他们完全不能了解的。

但是你必须记住，英国并不是完全民主的。它也是一个资本主义国家，存在着极大的阶级特权和(即使在现在，在一场可能使人人平等的战争之后)极大的贫富悬殊。但是尽管如此，它还是一个人民生活了好几百年而没有发生内战的国家，法律相对来说是公正的，官方的新闻和统计数字几乎可以一概信任，最后，但同样重要的是，持有和发表少数派意见并不会带来生命的危险。在这样的气氛中，像集中营、大规模强制迁移、未经审判就逮捕、新闻检查等事情，普通人是没有真正了解的。他所读到的关于苏联这种国家的报道都自动地化为英国概念了，他很天真地接受了极权主义宣传的谎言。到1939年为止，甚至在此以后，大多数英国人不能认识德国纳粹政权的真正性质，而现在，对苏联政权，他们在很大程度上仍处在同样一种幻觉的下面。

这对英国的社会主义运动造成很大的危害，对英国的外交政策产生了严重的后果。的确，在我看来，没有任何东西有像认为俄罗斯是一个社会主义国家，认为它的统治者的每一行动即使不加模仿也必须予以辩解的这种信念，那样，对社会主义的原来思想就造成了更大的腐蚀。

因此在过去的十年中，我一直坚信，如果我们要振兴社会主义运动，打破苏联神话是必要的。

我从西班牙回来后，就想用一个故事来揭露苏联神话，它要能够为几乎每个人所容易了解而又可以容易地译成其他语言。但是这个故事的实际细节在相当时期内一直没有在我的脑海中形成，后来终于有一天(我当时住在乡间一个小村庄里)我看到一个小男孩，大概十岁，赶着一匹拉车的大马在一条狭窄的小道上走，那匹马一想转弯，那男孩就用鞭子抽它，这使我想起，如果这些牲口知道它们自己的力量，我们就无法控制它们，人类剥削牲口就像富人剥削无产阶级一样。

于是我着手从动物的观点来分析。对于它们来说，显然人类之间阶级斗争的概念纯粹是错觉，因为一等到有必要剥削牲口时，所有的人都联合起来对付它们：真正的斗争是在牲口和人之间。从这一点出发，就不难构思故事了。但我一直没有动手，到了1943年才写，因为我一直在做其他工作，没有余暇。最后，我把有些大事，如德黑兰会议，包括了进去，我在写作时，会议正在开。这样，这个故事的主要轮廓在我脑中存在了六年之久我才实际开始写作。

我不想对这部作品发表意见；如果它不能自己说明问题，那它就是失败之作。但是我想强调两点：第一，虽然有些情节取自俄国革命的真实历史，但它们是作了约缩处理的，它们的年代次序作了颠倒，这是故事的完整化所必需的。第二点是大多数批评家所忽视的，可能是因为我没有予以足够强调。许多读者在读完本书之后可能有这样的印象：它以猪和人的完全修好收场。这不是我的原意；相反，我原来是要在一种很不协和的高音符上结束，因为我是在德黑兰会议以后马上写的，大家当时都认为该会议为苏联和西方建立了可能范围内最好的关系。我个人并不认为这种良好关系会维持很久，而事实证明，我没有错到哪里去……

（董乐山　译）

Animal Farm

George Orwell

Chapter I

Mr. Jones, of the Manor Farm, had locked the hen-houses for the night, but was too drunk to remember to shut the pop-holes. With the ring of light from his lantern dancing from side to side, he lurched across the yard, kicked off his boots at the back door, drew himself a last glass of beer from the barrel in the scullery, and made his way up to bed, where Mrs. Jones was already snoring.

As soon as the light in the bedroom went out there was a stirring and a fluttering all through the farm buildings. Word had gone round during the day that old Major, the prize Middle White boar, had had a strange dream on the previous night and wished to communicate it to the other animals. It had been agreed that they should all meet in the big barn as soon as Mr.

Jones was safely out of the way. Old Major (so he was always called, though the name under which he had been exhibited was Willingdon Beauty) was so highly regarded on the farm that everyone was quite ready to lose an hour's sleep in order to hear what he had to say.

At one end of the big barn, on a sort of raised platform, Major was already ensconced on his bed of straw, under a lantern which hung from a beam. He was twelve years old and had lately grown rather stout, but he was still a majestic-looking pig, with a wise and benevolent appearance in spite of the fact that his tushes had never been cut. Before long the other animals began to arrive and make themselves comfortable after their different fashions. First came the three dogs, Bluebell, Jessie, and Pincher, and then the pigs, who settled down in the straw immediately in front of the platform. The hens perched themselves on the window-sills, the pigeons fluttered up to the rafters, the sheep and cows lay down behind the pigs and began to chew the cud. The two cart-horses, Boxer and Clover, came in together, walking very slowly and setting down their vast hairy hoofs with great care lest there should be some small animal concealed in the straw. Clover was a stout motherly mare approaching middle life, who had never quite got her figure back after her fourth foal. Boxer was an enormous beast, nearly eighteen hands high, and as strong as any two ordinary horses put together. A white stripe down his nose gave him a somewhat stupid appearance, and in fact he was not of first-rate intelligence, but he was universally respected for his steadiness of character and tremendous powers of work. After the horses came Muriel, the white goat, and Benjamin, the donkey. Benjamin was the oldest animal on the farm, and the worst tempered. He seldom talked, and when he did, it was usually to make some cynical remark — for instance, he would say that God had given him a tail to keep the flies off, but that he would sooner have had no tail and no flies. Alone among the animals on the farm he never laughed. If asked why, he would say that he saw nothing to laugh at. Nevertheless, without openly admitting it, he was devoted to Boxer; the two of them usually spent their Sundays together in the small paddock beyond the orchard, grazing side by side and never speaking.

The two horses had just lain down when a brood of

ducklings, which had lost their mother, filed into the barn, cheeping feebly and wandering from side to side to find some place where they would not be trodden on. Clover made a sort of wall round them with her great foreleg, and the ducklings nestled down inside it and promptly fell asleep. At the last moment Mollie, the foolish, pretty white mare who drew Mr. Jones's trap, came mincing daintily in, chewing at a lump of sugar. She took a place near the front and began flirting her white mane, hoping to draw attention to the red ribbons it was plaited with. Last of all came the cat, who looked round, as usual, for the warmest place, and finally squeezed herself in between Boxer and Clover; there she purred contentedly throughout Major's speech without listening to a word of what he was saying.

All the animals were now present except Moses, the tame raven, who slept on a perch behind the back door. When Major saw that they had all made themselves comfortable and were waiting attentively, he cleared his throat and began:

"Comrades, you have heard already about the strange dream that I had last night. But I will come to the dream later. I have something else to say first. I do not think, comrades, that I shall be with you for many months longer, and before I die, I feel it my duty to pass on to you such wisdom as I have acquired. I have had a long life, I have had much time for thought as I lay alone in my stall, and I think I may say that I understand the nature of life on this earth as well as any animal now living. It is about this that I wish to speak to you.

"Now, comrades, what is the nature of this life of ours? Let us face it: our lives are miserable, laborious, and short. We are born, we are given just so much food as will keep the breath in our bodies, and those of us who are capable of it are forced to work to the last atom of our strength; and the very instant that our usefulness has come to an end we are slaughtered with hideous cruelty. No animal in England knows the meaning of happiness or leisure after he is a year old. No animal in England is free. The life of an animal is misery and slavery: that is the plain truth.

"But is this simply part of the order of nature? Is it because this land of ours is so poor that it cannot afford a decent life to those who dwell upon it? No, comrades, a thousand times no! The soil of England is fertile, its climate is good, it is capable of affording food in abundance to an enormously greater number of animals than now inhabit it. This single farm of ours would support a dozen horses, twenty cows, hundreds of sheep — and all of them living in a comfort and a dignity that are now almost beyond our imagining. Why then do we continue in this miserable condition? Because nearly the whole of the produce of our labour is stolen from us by human beings. There, comrades, is the answer to all our problems. It is summed up in a single word — Man. Man is the only real enemy we have. Remove Man from the scene, and the root cause of hunger and overwork is abolished for ever.

"Man is the only creature that consumes without producing. He does not give milk, he does not lay eggs, he is too weak to pull the plough, he cannot run fast enough to catch rabbits. Yet he is lord of all the animals. He sets them to work, he gives back to them the bare minimum that will prevent them from starving, and the rest he keeps for himself. Our labour tills the soil, our dung fertilizes it, and yet there is not one of us that owns more than his bare skin. You cows that I see before me, how many thousands of gallons of milk have you given during this last year? And what has happened to that milk which should have been breeding up sturdy calves? Every drop of it has gone down the throats of our enemies. And you hens, how many eggs have you laid in this last year, and how many of those eggs ever hatched into chickens? The rest have all gone to market to bring in money for Jones and his men. And you, Clover, where are those four foals you bore, who should have been the support and pleasure of your old age? Each was sold at a year old — you will never see one of them again. In return for your four confinements and all your labour in the fields, what have you ever had except your bare rations and a stall?

"And even the miserable lives we lead are not allowed to reach their natural span. For myself I do not grumble, for I am one of the lucky ones. I am twelve years old and have had over four hundred children. Such is the natural life of a pig. But no animal escapes the cruel knife in the end. You young porkers who are sitting in front of me, every one of you will scream your lives out at the block within a year. To that horror we all must come — cows, pigs, hens, sheep, everyone. Even the horses and the dogs have no better fate. You, Boxer, the very day that those great muscles of yours lose their power, Jones will sell you to the knacker, who will cut your throat and boil you down for the foxhounds. As for the dogs, when they grow old and toothless, Jones ties a brick round their necks and drowns them in the nearest pond.

"Is it not crystal clear, then, comrades, that all the evils of this life of ours spring from the tyranny of human beings? Only get rid of Man, and the produce of our labour would be our own. Almost overnight we could become rich and free. What then must we do? Why, work night and day, body and soul, for the overthrow of the human race! That is my message to you, comrades: Rebellion! I do not know when that Rebellion will come, it might be in a week or in a hundred years, but I know, as surely as I see this straw beneath my feet, that sooner or later justice will be done. Fix your eyes on that, comrades, throughout the short remainder of your lives! And above all, pass on this message of mine to those who come after you, so that future generations shall carry on the struggle until it is victorious.

"And remember, comrades, your resolution must never

falter. No argument must lead you astray. Never listen when they tell you that Man and the animals have a common interest, that the prosperity of the one is the prosperity of the others. It is all lies. Man serves the interests of no creature except himself. And among us animals let there be perfect unity, perfect comradeship in the struggle. All men are enemies. All animals are comrades."

At this moment there was a tremendous uproar. While Major was speaking four large rats had crept out of their holes and were sitting on their hindquarters, listening to him. The dogs had suddenly caught sight of them, and it was only by a swift dash for their holes that the rats saved their lives. Major raised his trotter for silence.

"Comrades," he said, "here is a point that must be settled. The wild creatures, such as rats and rabbits — are they our friends or our enemies? Let us put it to the vote. I propose this question to the meeting: Are rats comrades?"

The vote was taken at once, and it was agreed by an overwhelming majority that rats were comrades. There were only four dissentients, the three dogs and the cat, who was afterwards discovered to have voted on both sides. Major continued:

"I have little more to say. I merely repeat, remember always your duty of enmity towards Man and all his ways. Whatever goes upon two legs is an enemy. Whatever goes upon four legs, or has wings, is a friend. And remember also that in fighting against Man, we must not come to resemble him. Even when you have conquered him, do not adopt his vices. No animal must ever live in a house, or sleep in a bed, or wear clothes, or drink alcohol, or smoke tobacco, or touch money, or engage in trade. All the habits of Man are evil. And, above all, no animal must ever tyrannize over his own kind. Weak or strong, clever or simple, we are all brothers. No animal must ever kill any other animal. All animals are equal.

"And now, comrades, I will tell you about my dream of last night. I cannot describe that dream to you. It was a dream of the earth as it will be when Man has vanished. But it reminded me of something that I had long forgotten. Many years ago, when I was a little pig, my mother and the other sows used to sing an old song of which they knew only the tune and the first three words. I had known that tune in my infancy, but it had long since passed out of my mind. Last night, however, it came back to me in my dream. And what is more, the words of the song also came back—words, I am certain, which were sung by the animals of long ago and have been lost to memory for generations. I will sing you that song now, comrades. I am old and my voice is hoarse, but when I have taught you the tune, you can sing it better for yourself. It is called *Beasts of England.*"

Old Major cleared his throat and began to sing. As he had said, his voice was hoarse, but he sang well enough, and it was a stirring tune, something between *Clementine* and *La Cucaracha*. The words ran:

Beasts of England, beasts of Ireland,
Beasts of every land and clime,
Hearken to my joyful tidings
Of the golden future time.

Soon or late the day is coming,
Tyrant Man shall be o'erthrown,

And the fruitful fields of England
Shall be trod by beasts alone.

Rings shall vanish from our noses,
And the harness from our back,
Bit and spur shall rust forever,
Cruel whips no more shall crack.

Riches more than mind can picture,
Wheat and barley, oats and hay,
Clover, beans, and mangel-wurzels
Shall be ours upon that day.

Bright will shine the fields of England,
Purer shall its waters be,
Sweeter yet shall blow its breezes
On the day that sets us free.

For that day we all must labour,
Though we die before it break;
Cows and horses, geese and turkeys,

All must toil for freedom's sake.

Beasts of England, beasts of Ireland,
Beasts of every land and clime,
Hearken well and spread my tidings
Of the golden future time.

The singing of this song threw the animals into the wildest excitement. Almost before Major had reached the end, they had begun singing it for themselves. Even the stupidest of them had already picked up the tune and a few of the words, and as for the clever ones, such as the pigs and dogs, they had the entire song by heart within a few minutes. And then, after a few preliminary tries, the whole farm burst out into *Beasts of England* in tremendous unison. The cows lowed it, the dogs whined it, the sheep bleated it, the horses whinnied it, the ducks quacked it. They were so delighted with the song that they sang it right through five times in succession, and might have continued singing it all night if they had not been interrupted.

Unfortunately, the uproar awoke Mr. Jones, who sprang

out of bed, making sure that there was a fox in the yard. He seized the gun which always stood in a corner of his bedroom, and let fly a charge of number 6 shot into the darkness. The pellets buried themselves in the wall of the barn and the meeting broke up hurriedly. Everyone fled to his own sleeping-place. The birds jumped on to their perches, the animals settled down in the straw, and the whole farm was asleep in a moment.

Chapter II

Three nights later old Major died peacefully in his sleep. His body was buried at the foot of the orchard.

This was early in March. During the next three months there was much secret activity. Major's speech had given to the more intelligent animals on the farm a completely new outlook on life. They did not know when the Rebellion predicted by Major would take place, they had no reason for thinking that it would be within their own lifetime, but they saw clearly that it was their duty to prepare for it. The work of teaching and organizing the others fell naturally upon the pigs, who were generally recognized as being the cleverest of the animals. Pre-eminent among the pigs were two young boars named Snowball and Napoleon, whom Mr. Jones was breeding up for sale.

Napoleon was a large, rather fierce-looking Berkshire boar, the only Berkshire on the farm, not much of a talker, but with a reputation for getting his own way. Snowball was a more vivacious pig than Napoleon, quicker in speech and more inventive, but was not considered to have the same depth of character. All the other male pigs on the farm were porkers. The best known among them was a small fat pig named Squealer, with very round cheeks, twinkling eyes, nimble movements, and a shrill voice. He was a brilliant talker, and when he was arguing some difficult point he had a way of skipping from side to side and whisking his tail which was somehow very persuasive. The others said of Squealer that he could turn black into white.

These three had elaborated old Major's teachings into a complete system of thought, to which they gave the name of Animalism. Several nights a week, after Mr. Jones was asleep, they held secret meetings in the barn and expounded the principles of Animalism to the others. At the beginning they met with much stupidity and apathy. Some of the animals talked of the duty of loyalty to Mr. Jones, whom they referred to as

"Master," or made elementary remarks such as "Mr. Jones feeds us. If he were gone, we should starve to death." Others asked such questions as "Why should we care what happens after we are dead?" or "If this Rebellion is to happen anyway, what difference does it make whether we work for it or not?", and the pigs had great difficulty in making them see that this was contrary to the spirit of Animalism. The stupidest questions of all were asked by Mollie, the white mare. The very first question she asked Snowball was: "Will there still be sugar after the Rebellion?"

"No," said Snowball firmly. "We have no means of making sugar on this farm. Besides, you do not need sugar. You will have all the oats and hay you want."

"And shall I still be allowed to wear ribbons in my mane?" asked Mollie.

"Comrade," said Snowball, "those ribbons that you are so devoted to are the badge of slavery. Can you not understand that liberty is worth more than ribbons?"

Mollie agreed, but she did not sound very convinced.

The pigs had an even harder struggle to counteract the lies

put about by Moses, the tame raven. Moses, who was Mr. Jones's especial pet, was a spy and a tale-bearer, but he was also a clever talker. He claimed to know of the existence of a mysterious country called Sugarcandy Mountain, to which all animals went when they died. It was situated somewhere up in the sky, a little distance beyond the clouds, Moses said. In Sugarcandy Mountain it was Sunday seven days a week, clover was in season all the year round, and lump sugar and linseed cake grew on the hedges. The animals hated Moses because he told tales and did no work, but some of them believed in Sugarcandy Mountain, and the pigs had to argue very hard to persuade them that there was no such place.

Their most faithful disciples were the two cart-horses, Boxer and Clover. These two had great difficulty in thinking anything out for themselves, but having once accepted the pigs as their teachers, they absorbed everything that they were told, and passed it on to the other animals by simple arguments. They were unfailing in their attendance at the secret meetings in the barn, and led the singing of *Beasts of England* , with which the meetings always ended.

Now, as it turned out, the Rebellion was achieved much earlier and more easily than anyone had expected. In past years Mr. Jones, although a hard master, had been a capable farmer, but of late he had fallen on evil days. He had become much disheartened after losing money in a lawsuit, and had taken to drinking more than was good for him. For whole days at a time he would lounge in his Windsor chair in the kitchen, reading the newspapers, drinking, and occasionally feeding Moses on crusts of bread soaked in beer. His men were idle and dishonest, the fields were full of weeds, the buildings wanted roofing, the hedges were neglected, and the animals were underfed.

June came and the hay was almost ready for cutting. On Midsummer's Eve, which was a Saturday, Mr. Jones went into Willingdon and got so drunk at the Red Lion that he did not come back till midday on Sunday. The men had milked the cows in the early morning and then had gone out rabbiting, without bothering to feed the animals. When Mr. Jones got back he immediately went to sleep on the drawing-room sofa with the *News of the World* over his face, so that when evening came, the animals were still unfed. At last they could stand it no longer. One of the cows broke in the door of the store-shed with her horn and all the animals began to help themselves from the bins. It was just then that Mr. Jones woke up. The next moment he and his four men were in the store-shed with whips in their hands, lashing out in all directions. This was more than the hungry animals could bear. With one accord, though nothing of the kind had been planned beforehand, they flung themselves upon their tormentors. Jones and his men suddenly found themselves being butted and kicked from all sides. The situation was quite out of their control. They had never seen animals behave like this before, and this sudden uprising of creatures whom they were used to thrashing and maltreating just as they chose, frightened them almost out of their wits. After only a moment or two they gave up trying to defend themselves and took to their heels. A minute later all five of them were in full flight down the cart-track that led to the main road, with the animals pursuing them in triumph.

Mrs. Jones looked out of the bedroom window, saw what was happening, hurriedly flung a few possessions into a carpet bag, and slipped out of the farm by another way. Moses sprang off his perch and flapped after her, croaking loudly. Meanwhile the animals had chased Jones and his men out on to the road and slammed the five-barred gate behind them. And so, almost before they knew what was happening, the Rebellion had been successfully carried through: Jones was expelled, and the Manor Farm was theirs.

For the first few minutes the animals could hardly believe in their good fortune. Their first act was to gallop in a body right round the boundaries of the farm, as though to make quite sure that no human being was hiding anywhere upon it; then they raced back to the farm buildings to wipe out the last traces of Jones's hated reign. The harness-room at the end of the stables was broken open; the bits, the nose-rings, the dog-chains, the cruel knives with which Mr. Jones had been used to castrate the pigs and lambs, were all flung down the well. The reins, the halters, the blinkers, the degrading nosebags, were thrown on to the rubbish fire which was burning in the yard. So were the whips. All the animals capered with joy when they saw the whips going up in flames. Snowball also threw on to the fire the ribbons with which the horses' manes and tails had usually been decorated on market days.

"Ribbons," he said, "should be considered as clothes, which are the mark of a human being. All animals should go naked."

When Boxer heard this he fetched the small straw hat which he wore in summer to keep the flies out of his ears, and flung it on to the fire with the rest.

In a very little while the animals had destroyed everything that reminded them of Mr. Jones. Napoleon then led them back to the store-shed and served out a double ration of corn to everybody, with two biscuits for each dog. Then they sang *Beasts of England* from end to end seven times running, and after that they settled down for the night and slept as they had never slept before.

But they woke at dawn as usual, and suddenly remembering the glorious thing that had happened, they all raced out into the pasture together. A little way down the pasture there was a knoll that commanded a view of most of the farm. The animals rushed to the top of it and gazed round them in the clear morning light. Yes, it was theirs — everything that they could see was theirs!

In the ecstasy of that thought they gambolled round and round, they hurled themselves into the air in great leaps of excitement. They rolled in the dew, they cropped mouthfuls of the sweet summer grass, they kicked up clods of the black earth and snuffed its rich scent. Then they made a tour of inspection of the whole farm and surveyed with speechless admiration the ploughland, the hayfield, the orchard, the pool, the spinney. It was as though they had never seen these things before, and even now they could hardly believe that it was all their own.

Then they filed back to the farm buildings and halted in silence outside the door of the farmhouse. That was theirs too, but they were frightened to go inside. After a moment, however, Snowball and Napoleon butted the door open with their shoulders and the animals entered in single file, walking with the utmost care for fear of disturbing anything. They tiptoed from room to room, afraid to speak above a whisper and gazing with a kind of awe at the unbelievable luxury, at the beds with their feather mattresses, the looking-glasses, the horsehair sofa, the Brussels carpet, the lithograph of Queen Victoria over the drawing-room mantelpiece. They were just coming down the stairs when Mollie was discovered to be missing. Going back, the others found that she had remained behind in the best bedroom. She had taken a piece of blue ribbon from Mrs. Jones's dressing-table, and was holding it against her shoulder and admiring herself in the glass in a very foolish manner. The others reproached her sharply, and they went outside. Some hams hanging in the kitchen were taken out for burial, and the barrel of beer in the scullery was stove in with a kick from Boxer's hoof, otherwise nothing in the house was touched. A unanimous resolution was passed on the spot that the farmhouse should be preserved as a museum. All were agreed that no animal must ever live there.

The animals had their breakfast, and then Snowball and Napoleon called them together again.

"Comrades," said Snowball, "it is half-past six and we have a long day before us. Today we begin the hay harvest. But there is another matter that must be attended to first."

The pigs now revealed that during the past three months they had taught themselves to read and write from an old spelling book which had belonged to Mr. Jones's children and which had been thrown on the rubbish heap. Napoleon sent for pots of black and white paint and led the way down to the five-barred gate that gave on to the main road. Then Snowball (for it was Snowball who was best at writing) took a brush between the two knuckles of his trotter, painted out MANOR FARM from the top bar of the gate and in its place painted ANIMAL FARM. This was to be the name of the farm from now onwards. After this they went back to the farm buildings, where Snowball and Napoleon sent for a ladder which they caused to be set against the end wall of the big barn. They explained that by their studies of the past three months the pigs had succeeded in reducing the principles of Animalism to Seven Commandments. These Seven Commandments would now be inscribed on the wall; they would form an unalterable law by which all the animals on Animal Farm must live for ever after. With some difficulty (for it is not easy for a pig to balance himself on a ladder) Snowball climbed up and set to work, with Squealer a few rungs below him holding the paint-pot. The Commandments were written on the tarred wall in great white letters that could be read thirty yards away. They ran thus:

THE SEVEN COMMANDMENTS

1. *Whatever goes upon two legs is an enemy.*
2. *Whatever goes upon four legs, or has wings, is a friend.*
3. *No animal shall wear clothes.*
4. *No animal shall sleep in a bed.*
5. *No animal shall drink alcohol.*
6. *No animal shall kill any other animal.*
7. *All animals are equal.*

It was very neatly written, and except that "friend" was written "freind" and one of the "S's" was the wrong way round, the spelling was correct all the way through. Snowball read it aloud for the benefit of the others. All the animals nodded in complete agreement, and the cleverer ones at once began to learn the Commandments by heart.

"Now, comrades," cried Snowball, throwing down the paint-brush, "to the hayfield! Let us make it a point of honour to get in the harvest more quickly than Jones and his men could do."

But at this moment the three cows, who had seemed uneasy for some time past, set up a loud lowing. They had not been milked for twenty-four hours, and their udders were almost bursting. After a little thought, the pigs sent for buckets and milked the cows fairly successfully, their trotters being well adapted to this task. Soon there were five buckets of frothing creamy milk at which many of the animals looked with considerable interest.

"What is going to happen to all that milk?" said someone.

"Jones used sometimes to mix some of it in our mash," said one of the hens.

"Never mind the milk, comrades!" cried Napoleon, placing himself in front of the buckets. "That will be attended to. The harvest is more important. Comrade Snowball will lead the way. I shall follow in a few minutes. Forward, comrades! The hay is waiting."

So the animals trooped down to the hayfield to begin the harvest, and when they came back in the evening it was noticed that the milk had disappeared.

Chapter III

How they toiled and sweated to get the hay in! But their efforts were rewarded, for the harvest was an even bigger success than they had hoped.

Sometimes the work was hard; the implements had been designed for human beings and not for animals, and it was a great drawback that no animal was able to use any tool that involved standing on his hind legs. But the pigs were so clever that they could think of a way round every difficulty. As for the horses, they knew every inch of the field, and in fact understood the business of mowing and raking far better than Jones and his men had ever done. The pigs did not actually work, but directed and supervised the others. With their superior knowledge it was natural that they should assume the leadership. Boxer and Clover would harness themselves to the cutter or the horse-rake (no bits or reins were needed in these days, of course) and tramp steadily round and round the field with a pig walking behind and calling out "Gee up, comrade!" or "Whoa back, comrade!" as the case might be. And every animal down to the humblest worked at turning the hay and gathering it. Even the ducks and hens toiled to and fro all day in the sun, carrying tiny wisps of hay in their beaks. In the end they finished the harvest in two days' less time than it had usually taken Jones and his men. Moreover, it was the biggest harvest that the farm had ever seen. There was no wastage whatever; the hens and ducks with their sharp eyes had gathered up the very last stalk. And not an animal on the farm had stolen so much as a mouthful.

All through that summer the work of the farm went like clockwork. The animals were happy as they had never conceived it possible to be. Every mouthful of food was an acute positive pleasure, now that it was truly their own food, produced by themselves and for themselves, not doled out to them by a grudging master. With the worthless parasitical human beings gone, there was more for everyone to eat. There was more leisure too, inexperienced though the animals were. They met with many difficulties — for instance, later in the year, when they harvested the corn, they had to tread it out in the ancient style and blow away the chaff with their breath, since the farm possessed no threshing machine — but the pigs with their cleverness and Boxer with his tremendous muscles always pulled them through. Boxer was the admiration of everybody. He had been a hard worker even in Jones's time, but now he seemed more like three horses than one; there were days when the entire work of the farm seemed to rest on his mighty shoulders. From morning to night he was pushing and pulling, always at the spot where the work was hardest. He had made an arrangement with one of the cockerels to call him in the mornings half an hour earlier than anyone else, and would put in some volunteer labour at whatever seemed to be most needed, before the regular day's work began. His answer to every problem, every setback, was "I will work harder!" — which he had adopted as his personal motto.

But everyone worked according to his capacity. The hens and ducks, for instance, saved five bushels of corn at the harvest by gathering up the stray grains. Nobody stole, nobody grumbled over his rations, the quarrelling and biting and jealousy which had been normal features of life in the old days had almost disappeared. Nobody shirked — or almost nobody. Mollie, it was true, was not good at getting up in the mornings, and had a way of leaving work early on the ground that there was a stone in her hoof. And the behaviour of the cat was somewhat peculiar. It was soon noticed that when there was work to be done the cat could never be found. She would vanish for hours on end, and then reappear at meal-times, or in the evening after work was over, as though nothing had happened. But she always made such excellent excuses, and purred so affectionately, that it was impossible not to believe in her good intentions. Old Benjamin, the donkey, seemed quite unchanged since the Rebellion. He did his work in the same slow obstinate way as he had done it in Jones's time, never shirking and never volunteering for extra work either. About the Rebellion and its results he would express no opinion. When asked whether he was not happier now that Jones was gone, he would say only "Donkeys live a long time. None of you has ever seen a dead donkey," and the others had to be content with this cryptic answer.

On Sundays there was no work. Breakfast was an hour later than usual, and after breakfast there was a ceremony which was observed every week without fail. First came the hoisting of the flag. Snowball had found in the harness-room an old green tablecloth of Mrs. Jones's and had painted on it a hoof and a horn in white. This was run up the flagstaff in the farmhouse garden every Sunday morning. The flag was green, Snowball explained, to represent the green fields of England, while the hoof and horn signified the future Republic of the Animals which would arise when the human race had been finally overthrown. After the hoisting of the flag all the animals trooped into the big barn for a general assembly which was known as the Meeting. Here the work of the coming week was planned out and resolutions were put forward and debated. It was always the pigs who put forward the resolutions. The other animals understood how to vote, but could never think of any resolutions of their own. Snowball and Napoleon were by far the most active in the debates. But it was noticed that these two were never in agreement: whatever suggestion either of them made, the other could be counted on to oppose it. Even when it was resolved — a thing no one could object to in itself — to set aside the small paddock behind the orchard as a home of rest for animals who were past work, there was a stormy debate over the correct retiring age for each class of animal. The Meeting always ended with the singing of *Beasts of England*, and the afternoon was given up to recreation.

The pigs had set aside the harness-room as a headquarters for themselves. Here, in the evenings, they studied blacksmithing, carpentering, and other necessary arts from books which they had brought out of the farmhouse. Snowball also busied himself with organizing the other animals into what he called Animal Committees. He was indefatigable at this. He formed the Egg Production Committee for the hens, the Clean Tails League for the cows, the Wild Comrades' Re-education Committee (the object of this was to tame the rats and rabbits), the Whiter Wool Movement for the sheep, and various others, besides instituting classes in reading and writing. On the whole, these projects were a failure. The attempt to tame the wild creatures, for instance, broke down almost immediately. They continued to behave very much as before, and when treated with generosity, simply took advantage of it. The cat joined the Re-education Committee and was very active in it for some days. She was seen one day sitting on a roof and talking to some sparrows who were just out of her reach. She was telling them that all animals were now comrades and that any sparrow who chose could come and perch on her paw; but the sparrows kept their distance.

The reading and writing classes, however, were a great success. By the autumn almost every animal on the farm was literate in some degree.

As for the pigs, they could already read and write perfectly. The dogs learned to read fairly well, but were not interested in reading anything except the Seven Commandments. Muriel, the goat, could read somewhat better than the dogs, and sometimes used to read to the others in the evenings from scraps of newspaper which she found on the rubbish heap. Benjamin could read as well as any pig, but never exercised his faculty. So far as he knew, he said, there was nothing worth reading. Clover learnt the whole alphabet, but could not put words together.

Boxer could not get beyond the letter D. He would trace out A, B, C, D, in the dust with his great hoof, and then would stand staring at the letters with his ears back, sometimes shaking his forelock, trying with all his might to remember what came next and never succeeding. On several occasions, indeed, he did learn E, F, G, H, but by the time he knew them, it was always discovered that he had forgotten A, B, C, and D. Finally he decided to be content with the first four letters, and used to write them out once or twice every day to refresh his memory. Mollie refused to learn any but the six letters which spelt her own name. She would form these very neatly out of pieces of twig, and would then decorate them with a flower or two and walk round them admiring them.

None of the other animals on the farm could get further than the letter A. It was also found that the stupider animals, such as the sheep, hens, and ducks, were unable to learn the Seven Commandments by heart. After much thought Snowball declared that the Seven Commandments could in effect be reduced to a single maxim, namely: "Four legs good, two legs bad." This, he said, contained the essential principle of Animalism.

Whoever had thoroughly grasped it would be safe from human influences. The birds at first objected, since it seemed to them that they also had two legs, but Snowball proved to them that this was not so.

"A bird's wing, comrades," he said, "is an organ of propulsion and not of manipulation. It should therefore be regarded as a leg. The distinguishing mark of man is the *hand*, the instrument with which he does all his mischief."

The birds did not understand Snowball's long words, but they accepted his explanation, and all the humbler animals set to work to learn the new maxim by heart. FOUR LEGS GOOD, TWO LEGS BAD was inscribed on the end wall of the barn, above the Seven Commandments and in bigger letters. When they had once got it by heart, the sheep developed a great liking for this maxim, and often as they lay in the field they would all start bleating "Four legs good, two legs bad! Four legs good, two legs bad!" and keep it up for hours on end, never growing tired of it.

Napoleon took no interest in Snowball's committees. He said that the education of the young was more important than anything that could be done for those who were already grown up. It happened that Jessie and Bluebell had both whelped soon after the hay harvest, giving birth between them to nine sturdy puppies. As soon as they were weaned, Napoleon took them away from their mothers, saying that he would make himself responsible for their education. He took them up into a loft which could only be reached by a ladder from the harness-room, and there kept them in such seclusion that the rest of the farm soon forgot their existence.

The mystery of where the milk went to was soon cleared up. It was mixed every day into the pigs' mash. The early apples were now ripening, and the grass of the orchard was littered with windfalls. The animals had assumed as a matter of course that these would be shared out equally; one day, however, the order went forth that all the windfalls were to be collected and brought to the harness-room for the use of the pigs. At this some of the other animals murmured, but it was no use. All the pigs were in full agreement on this point, even Snowball and Napoleon. Squealer was sent to make the necessary explanations to the others.

"Comrades!" he cried. "You do not imagine, I hope, that

we pigs are doing this in a spirit of selfishness and privilege? Many of us actually dislike milk and apples. I dislike them myself. Our sole object in taking these things is to preserve our health. Milk and apples (this has been proved by Science, comrades) contain substances absolutely necessary to the well-being of a pig. We pigs are brainworkers. The whole management and organisation of this farm depend on us. Day and night we are watching over your welfare. It is for *your* sake that we drink that milk and eat those apples. Do you know what would happen if we pigs failed in our duty? Jones would come back! Yes, Jones would come back! Surely, comrades," cried Squealer almost pleadingly, skipping from side to side and whisking his tail, "surely there is no one among you who wants to see Jones come back?"

Now if there was one thing that the animals were completely certain of, it was that they did not want Jones back. When it was put to them in this light, they had no more to say. The importance of keeping the pigs in good health was all too obvious. So it was agreed without further argument that the milk and the windfall apples (and also the main crop of apples when they ripened) should be reserved for the pigs alone.

Chapter IV

By the late summer the news of what had happened on Animal Farm had spread across half the county. Every day Snowball and Napoleon sent out flights of pigeons whose instructions were to mingle with the animals on neighbouring farms, tell them the story of the Rebellion, and teach them the tune of *Beasts of England.*

Most of this time Mr. Jones had spent sitting in the taproom of the Red Lion at Willingdon, complaining to anyone who would listen of the monstrous injustice he had suffered in being turned out of his property by a pack of good-for-nothing animals. The other farmers sympathized in principle, but they did not at first give him much help. At heart, each of them was secretly wondering whether he could not somehow turn Jones's misfortune to his own advantage. It was lucky that the owners of the two farms which adjoined Animal Farm were on permanently bad terms. One of them, which was named Foxwood, was a large, neglected, old-fashioned farm, much overgrown by woodland, with all its pastures worn out and its hedges in a disgraceful condition. Its owner, Mr. Pilkington, was an easy-going gentleman farmer who spent most of his time in fishing or hunting according to the season. The other farm, which was called Pinchfield, was smaller and better kept. Its owner was a Mr. Frederick, a tough, shrewd man, perpetually involved in lawsuits and with a name for driving hard bargains. These two disliked each other so much that it was difficult for them to come to any agreement, even in defence of their own interests.

Nevertheless, they were both thoroughly frightened by the rebellion on Animal Farm, and very anxious to prevent their own animals from learning too much about it. At first they pretended to laugh to scorn the idea of animals managing a farm for themselves. The whole thing would be over in a fortnight, they said. They put it about that the animals on the Manor Farm (they insisted on calling it the Manor Farm; they would not tolerate the name "Animal Farm") were perpetually fighting among themselves and were also rapidly starving to death. When time passed and the animals had evidently not starved to death, Frederick and Pilkington changed their tune and began to talk of the terrible wickedness that now flourished on Animal Farm. It was given out that the animals there practised cannibalism, tortured one another with red-hot horseshoes, and had their females in common. This was what came of rebelling against the laws of Nature, Frederick and Pilkington said.

However, these stories were never fully believed. Rumours of a wonderful farm, where the human beings had been turned out and the animals managed their own affairs, continued to circulate in vague and distorted forms, and throughout that year a wave of rebelliousness ran through the countryside. Bulls which had always been tractable suddenly turned savage, sheep broke down hedges and devoured the clover, cows kicked the pail over, hunters refused their fences and shot their riders on to the other side. Above all, the tune and even the words of *Beasts of England* were known everywhere. It had spread with astonishing speed. The human beings could not contain their rage when they heard this song, though they pretended to think it merely ridiculous. They could not understand, they said, how even animals could bring themselves to sing such contemptible rubbish. Any animal caught singing it was given a flogging on the spot. And yet the song was irrepressible. The blackbirds whistled it in the hedges, the pigeons cooed it in the elms, it got into the din of the smithies and the tune of the church bells. And when the human beings listened to it, they secretly trembled, hearing in it a prophecy of their future doom.

Early in October, when the corn was cut and stacked and some of it was already threshed, a flight of pigeons came whirling through the air and alighted in the yard of Animal Farm in the wildest excitement. Jones and all his men, with half a dozen others from Foxwood and Pinchfield, had entered the five-barred gate and were coming up the cart-track that led to the farm. They were all carrying sticks, except Jones, who was marching ahead with a gun in his hands. Obviously they were going to attempt the recapture of the farm.

This had long been expected, and all preparations had been made. Snowball, who had studied an old book of Julius Caesar's campaigns which he had found in the farmhouse, was in charge of the defensive operations. He gave his orders quickly, and in a couple of minutes every animal was at his post.

As the human beings approached the farm buildings, Snowball launched his first attack. All the pigeons, to the number of thirty-five, flew to and fro over the men's heads and muted upon them from mid-air; and while the men were dealing with this, the geese, who had been hiding behind the hedge, rushed out and pecked viciously at the calves of their legs. However, this was only a light skirmishing manoeuvre, intended to create a little disorder, and the men easily drove the geese off with their sticks. Snowball now launched his second line of attack. Muriel, Benjamin, and all the sheep, with Snowball at the head of them, rushed forward and prodded and butted the men from every side, while Benjamin turned around and lashed at them with his small hoofs. But once again the men, with their sticks and their hobnailed boots, were too strong for them; and suddenly, at a squeal from Snowball, which was the signal for retreat, all the animals turned and fled through the gateway into the yard.

The men gave a shout of triumph. They saw, as they imagined, their enemies in flight, and they rushed after them in disorder. This was just what Snowball had intended. As soon as they were well inside the yard, the three horses, the three cows, and the rest of the pigs, who had been lying in ambush in the cowshed, suddenly emerged in their rear, cutting them off. Snowball now gave the signal for the charge. He himself dashed straight for Jones. Jones saw him coming, raised his gun and fired. The pellets scored bloody streaks along Snowball's back, and a sheep dropped dead. Without halting for an instant, Snowball flung his fifteen stone against Jones's legs. Jones was hurled into a pile of dung and his gun flew out of his hands. But the most terrifying spectacle of all was Boxer, rearing up on his hind legs and striking out with his great iron-shod hoofs like a stallion. His very first blow took a stable-lad from Foxwood on the skull and stretched him lifeless in the mud. At the sight, several men dropped their sticks and tried to run. Panic overtook them, and the next moment all the animals together were chasing them round and round the yard. They were gored, kicked, bitten, trampled on. There was not an animal on the farm that did not take vengeance on them after his own fashion. Even the cat suddenly leapt off a roof onto a cowman's shoulders and sank her claws in his neck, at which he yelled horribly. At a moment when the opening was clear, the men were glad enough to rush out of the yard and make a bolt for the main road. And so within five minutes of their invasion they were in ignominious retreat by the same way as they had come, with a flock of geese hissing after them and pecking at their calves all the way.

All the men were gone except one. Back in the yard Boxer was pawing with his hoof at the stable-lad who lay face down in the mud, trying to turn him over. The boy did not stir.

"He is dead," said Boxer sorrowfully. "I had no intention of doing that. I forgot that I was wearing iron shoes. Who will believe that I did not do this on purpose?"

"No sentimentality, comrade!" cried Snowball from whose wounds the blood was still dripping. "War is war. The only good human being is a dead one."

"I have no wish to take life, not even human life," repeated Boxer, and his eyes were full of tears.

"Where is Mollie?" exclaimed somebody.

Mollie in fact was missing. For a moment there was great alarm; it was feared that the men might have harmed her in some way, or even carried her off with them. In the end, however, she was found hiding in her stall with her head buried among the hay in the manger. She had taken to flight as soon as the gun went off. And when the others came back from looking for her, it was to find that the stable-lad, who in fact was only stunned, had already recovered and made off.

The animals had now reassembled in the wildest excitement, each recounting his own exploits in the battle at the top of his voice. An impromptu celebration of the victory was held immediately. The flag was run up and *Beasts of England* was sung a number of times, then the sheep who had been killed was given a solemn funeral, a hawthorn bush being planted on her grave. At the graveside Snowball made a little speech, emphasizing the need for all animals to be ready to die for Animal Farm if need be.

The animals decided unanimously to create a military decoration, "Animal Hero, First Class," which was conferred there and then on Snowball and Boxer. It consisted of a brass medal (they were really some old horse-brasses which had been found in the harness-room), to be worn on Sundays and holidays. There was also "Animal Hero, Second Class," which was conferred posthumously on the dead sheep.

There was much discussion as to what the battle should be called. In the end, it was named the Battle of the Cowshed, since that was where the ambush had been sprung. Mr. Jones's gun had been found lying in the mud, and it was known that there was a supply of cartridges in the farmhouse. It was decided to set the gun up at the foot of the flagstaff, like a piece of artillery, and to fire it twice a year — once on October the twelfth, the anniversary of the Battle of the Cowshed, and once on Midsummer Day, the anniversary of the Rebellion.

Chapter V

As winter drew on, Mollie became more and more troublesome. She was late for work every morning and excused herself by saying that she had overslept, and she complained of mysterious pains, although her appetite was excellent. On every kind of pretext she would run away from work and go to the drinking pool, where she would stand foolishly gazing at her own reflection in the water. But there were also rumours of something more serious. One day, as Mollie strolled blithely into the yard, flirting her long tail and chewing at a stalk of hay, Clover took her aside.

"Mollie," she said, "I have something very serious to say to you. This morning I saw you looking over the hedge that divides Animal Farm from Foxwood. One of Mr. Pilkington's men was standing on the other side of the hedge. And — I was a long way away, but I am almost certain I saw this — he was talking to you and you were allowing him to stroke your nose. What does that mean, Mollie?"

"He didn't! I wasn't! It isn't true!" cried Mollie, beginning to prance about and paw the ground.

"Mollie! Look me in the face. Do you give me your word of honour that that man was not stroking your nose?"

"It isn't true!" repeated Mollie, but she could not look Clover in the face, and the next moment she took to her heels and galloped away into the field.

A thought struck Clover. Without saying anything to the others, she went to Mollie's stall and turned over the straw with her hoof. Hidden under the straw was a little pile of lump sugar and several bunches of ribbon of different colours.

Three days later Mollie disappeared. For some weeks nothing was known of her whereabouts, then the pigeons reported that they had seen her on the other side of Willingdon. She was between the shafts of a smart dogcart painted red and black, which was standing outside a public-house. A fat red-faced man in check breeches and gaiters, who looked like a publican, was stroking her nose and feeding her with sugar. Her coat was newly clipped and she wore a scarlet ribbon round her forelock. She appeared to be enjoying herself, so the pigeons said. None of the animals ever mentioned Mollie again.

In January there came bitterly hard weather. The earth was like iron, and nothing could be done in the fields. Many meetings were held in the big barn, and the pigs occupied themselves with planning out the work of the coming season. It had come to be accepted that the pigs, who were manifestly cleverer than the other animals, should decide all questions of farm policy, though their decisions had to be ratified by a majority vote. This arrangement would have worked well enough if it had not been for the disputes between Snowball and Napoleon. These two disagreed at every point where disagreement was possible. If one of them suggested sowing a bigger acreage with barley, the other was certain to demand a bigger acreage of oats, and if one of them said that such and such a field was just right for cabbages, the other would declare that it was useless for anything except roots. Each had his own following, and there were some violent debates. At the Meetings Snowball often won over the majority by his brilliant speeches, but Napoleon was better at canvassing support for himself in between times. He was especially successful with the sheep. Of late the sheep had taken to bleating "Four legs good, two legs bad" both in and out of season, and they often interrupted the Meeting with this. It was noticed that they were especially liable to break into "Four legs good, two legs bad" at crucial moments in Snowball's speeches. Snowball had made a close study of some back numbers of the *Farmer and Stockbreeder* which he had found in the farmhouse, and was full of plans for innovations and improvements. He talked learnedly about field-drains, silage, and basic slag, and had worked out a complicated scheme for all the animals to drop their dung directly in the fields, at a different spot every day, to save the labour of cartage. Napoleon produced no schemes of his own, but said quietly that Snowball's would come to nothing, and seemed to be biding his time. But of all their controversies, none was so bitter as the one that took place over the windmill.

In the long pasture, not far from the farm buildings, there

was a small knoll which was the highest point on the farm. After surveying the ground, Snowball declared that this was just the place for a windmill, which could be made to operate a dynamo and supply the farm with electrical power. This would light the stalls and warm them in winter, and would also run a circular saw, a chaff-cutter, a mangel-slicer, and an electric milking machine. The animals had never heard of anything of this kind before (for the farm was an old-fashioned one and had only the most primitive machinery), and they listened in astonishment while Snowball conjured up pictures of fantastic machines which would do their work for them while they grazed at their ease in the fields or improved their minds with reading and conversation.

Within a few weeks Snowball's plans for the windmill were fully worked out. The mechanical details came mostly from three books which had belonged to Mr. Jones — *One Thousand Useful Things to Do About the House*, *Every Man His Own Bricklayer*, and *Electricity for Beginners*. Snowball used as his study a shed which had once been used for incubators and had a smooth wooden floor, suitable for drawing on. He was closeted there for hours at a time. With his books held open by a stone, and with a piece of chalk gripped between the knuckles of his trotter, he would move rapidly to and fro, drawing in line after line and uttering little whimpers of excitement. Gradually the plans grew into a complicated mass of cranks and cog-wheels, covering more than half the floor, which the other animals found completely unintelligible but very impressive. All of them came to look at Snowball's drawings at least once a day. Even the hens and ducks came, and were at pains not to tread on the chalk marks. Only Napoleon held aloof. He had declared himself against the windmill from the start. One day, however, he arrived unexpectedly to examine the plans. He walked heavily round the shed, looked closely at every detail of the plans and snuffed at them once or twice, then stood for a little while contemplating them out of the corner of his eye; then suddenly he lifted his leg, urinated over the plans, and walked out without uttering a word.

The whole farm was deeply divided on the subject of the windmill. Snowball did not deny that to build it would be a difficult business. Stone would have to be carried and built up into walls, then the sails would have to be made and after that there would be need for dynamos and cables. (How these were to be procured, Snowball did not say.) But he maintained that it could all be done in a year. And thereafter, he declared, so much labour would be saved that the animals would only need to work three days a week. Napoleon, on the other hand, argued that the great need of the moment was to increase food production, and that if they wasted time on the windmill they would all starve to death. The animals formed themselves into two factions under the slogan, "Vote for Snowball and the three-day week" and "Vote for Napoleon and the full manger." Benjamin was the only animal who did not side with either faction. He refused to believe either that food would become more plentiful or that the windmill would save work. Windmill or no windmill, he said, life would go on as it had always gone on — that is, badly.

Apart from the disputes over the windmill, there was the question of the defence of the farm. It was fully realised that though the human beings had been defeated in the Battle of the Cowshed they might make another and more determined attempt to recapture the farm and reinstate Mr. Jones. They had all the more reason for doing so because the news of their defeat had spread across the countryside and made the animals on the neighbouring farms more restive than ever. As usual, Snowball and Napoleon were in disagreement. According to Napoleon, what the animals must do was to procure firearms and train themselves in the use of them. According to Snowball, they must send out more and more pigeons and stir up rebellion among the animals on the other farms. The one argued that if they could not defend themselves they were bound to be conquered, the other argued that if rebellions happened everywhere they would have no need to defend themselves. The animals listened first to Napoleon, then to Snowball, and could not make up their minds which was right; indeed, they always found themselves in agreement with the one who was speaking at the moment.

At last the day came when Snowball's plans were completed. At the Meeting on the following Sunday the question of whether or not to begin work on the windmill was to be put to the vote. When the animals had assembled in the big barn, Snowball stood up and, though occasionally interrupted by bleating from the sheep, set forth his reasons for advocating the building of the windmill. Then Napoleon stood up to reply. He said very quietly that the windmill was nonsense and that he advised nobody to vote for it, and promptly sat down again; he had spoken for barely thirty seconds, and seemed almost indifferent as to the effect he produced. At this Snowball sprang to his feet, and shouting down the sheep, who had begun bleating again, broke into a passionate appeal in favour of the windmill. Until now the animals had been about equally divided in their sympathies, but in a moment Snowball's eloquence had carried them away. In glowing sentences he painted a picture of Animal Farm as it might be when sordid labour was lifted from the animals' backs. His imagination had now run far beyond chaff-cutters and turnip-slicers. Electricity, he said, could operate threshing machines, ploughs, harrows, rollers, and reapers and binders, besides supplying every stall with its own electric light, hot and cold water, and an electric heater. By the time he had finished speaking, there was no doubt as to which way the vote would go. But just at this moment Napoleon stood up and, casting a peculiar sidelong look at Snowball, uttered a high-pitched whimper of a kind no one had ever heard him utter before.

At this there was a terrible baying sound outside, and nine enormous dogs wearing brass-studded collars came bounding into the barn. They dashed straight for Snowball, who only sprang from his place just in time to escape their snapping jaws. In a moment he was out of the door and they were after him. Too amazed and frightened to speak, all the animals crowded through the door to watch the chase. Snowball was racing across the long pasture that led to the road. He was running as only a pig can run, but the dogs were close on his heels. Suddenly he slipped and it seemed certain that they had him. Then he was up again, running faster than ever, then the dogs were gaining on him again. One of them all but closed his jaws on Snowball's tail, but Snowball whisked it free just in time. Then he put on an extra spurt and, with a few inches to spare, slipped through a hole in the hedge and was seen no more.

Silent and terrified, the animals crept back into the barn. In a moment the dogs came bounding back. At first no one had been able to imagine where these creatures came from, but the problem was soon solved: they were the puppies whom

Napoleon had taken away from their mothers and reared privately. Though not yet full-grown, they were huge dogs, and as fierce-looking as wolves. They kept close to Napoleon. It was noticed that they wagged their tails to him in the same way as the other dogs had been used to do to Mr. Jones.

Napoleon, with the dogs following him, now mounted on to the raised portion of the floor where Major had previously stood to deliver his speech. He announced that from now on the Sunday-morning Meetings would come to an end. They were unnecessary, he said, and wasted time. In future all questions relating to the working of the farm would be settled by a special committee of pigs, presided over by himself. These would meet in private and afterwards communicate their decisions to the others. The animals would still assemble on Sunday mornings to salute the flag, sing *Beasts of England*, and receive their orders for the week; but there would be no more debates.

In spite of the shock that Snowball's expulsion had given them, the animals were dismayed by this announcement. Several of them would have protested if they could have found the right arguments. Even Boxer was vaguely troubled. He set his ears back, shook his forelock several times, and tried hard to marshal his thoughts; but in the end he could not think of anything to say. Some of the pigs themselves, however, were more articulate. Four young porkers in the front row uttered shrill squeals of disapproval, and all four of them sprang to their feet and began speaking at once. But suddenly the dogs sitting round Napoleon let out deep, menacing growls, and the pigs fell silent and sat down again. Then the sheep broke out into a tremendous bleating of "Four legs good, two legs bad!" which went on for nearly a quarter of an hour and put an end to any chance of discussion.

Afterwards Squealer was sent round the farm to explain the new arrangement to the others.

"Comrades," he said, "I trust that every animal here appreciates the sacrifice that Comrade Napoleon has made in taking this extra labour upon himself. Do not imagine, comrades, that leadership is a pleasure! On the contrary, it is a deep and heavy responsibility. No one believes more firmly than Comrade Napoleon that all animals are equal. He would be only too happy to let you make your decisions for yourselves. But sometimes you might make the wrong decisions, comrades, and then where should we be? Suppose you had decided to follow Snowball, with his moonshine of windmills — Snowball, who, as we now know, was no better than a criminal?"

"He fought bravely at the Battle of the Cowshed," said somebody.

"Bravery is not enough," said Squealer. "Loyalty and obedience are more important. And as to the Battle of the Cowshed, I believe the time will come when we shall find that Snowball's part in it was much exaggerated. Discipline, comrades, iron discipline! That is the watchword for today. One false step, and our enemies would be upon us. Surely, comrades, you do not want Jones back?"

Once again this argument was unanswerable. Certainly the animals did not want Jones back; if the holding of debates on Sunday mornings was liable to bring him back, then the debates must stop. Boxer, who had now had time to think things over, voiced the general feeling by saying: "If Comrade Napoleon says it, it must be right." And from then on he adopted the maxim, "Napoleon is always right," in addition to his private motto of "I will work harder."

By this time the weather had broken and the spring ploughing had begun. The shed where Snowball had drawn his plans of the windmill had been shut up and it was assumed that the plans had been rubbed off the floor. Every Sunday morning at ten o'clock the animals assembled in the big barn to receive their orders for the week. The skull of old Major, now clean of flesh, had been disinterred from the orchard and set up on a stump at the foot of the flagstaff, beside the gun. After the hoisting of the flag, the animals were required to file past the skull in a reverent manner before entering the barn. Nowadays they did not sit all together as they had done in the past. Napoleon, with Squealer and another pig named Minimus, who had a remarkable gift for composing songs and poems, sat on the front of the raised platform, with the nine young dogs forming a semicircle round them, and the other pigs sitting behind. The rest of the animals sat facing them in the main body of the barn. Napoleon read out the orders for the week in a gruff soldierly style, and after a single singing of *Beasts of England*, all the animals dispersed.

On the third Sunday after Snowball's expulsion, the animals were somewhat surprised to hear Napoleon announce that the windmill was to be built after all. He did not give any reason for having changed his mind, but merely warned the animals that this extra task would mean very hard work; it might even be necessary to reduce their rations. The plans, however, had all been prepared, down to the last detail. A special committee of pigs had been at work upon them for the past three weeks. The building of the windmill, with various other improvements, was expected to take two years.

That evening Squealer explained privately to the other animals that Napoleon had never in reality been opposed to the windmill. On the contrary, it was he who had advocated it in the beginning, and the plan which Snowball had drawn on the floor of the incubator shed had actually been stolen from among Napoleon's papers. The windmill was, in fact, Napoleon's own creation. Why, then, asked somebody, had he spoken so strongly against it? Here Squealer looked very sly. That, he said, was Comrade Napoleon's cunning. He had *seemed* to oppose the windmill, simply as a manoeuvre to get rid of

Snowball, who was a dangerous character and a bad influence. Now that Snowball was out of the way, the plan could go forward without his interference. This, said Squealer, was something called tactics. He repeated a number of times, "Tactics, comrades, tactics!" skipping round and whisking his tail with a merry laugh. The animals were not certain what the word meant, but Squealer spoke so persuasively, and the three dogs who happened to be with him growled so threateningly, that they accepted his explanation without further questions.

Chapter VI

All that year the animals worked like slaves. But they were happy in their work; they grudged no effort or sacrifice, well aware that everything that they did was for the benefit of themselves and those of their kind who would come after them, and not for a pack of idle, thieving human beings.

Throughout the spring and summer they worked a sixty-hour week, and in August Napoleon announced that there would be work on Sunday afternoons as well. This work was strictly voluntary, but any animal who absented himself from it would have his rations reduced by half. Even so, it was found necessary to leave certain tasks undone. The harvest was a little less successful than in the previous year, and two fields which should have been sown with roots in the early summer were not sown because the ploughing had not been completed early enough. It was possible to foresee that the coming winter would be a hard one.

The windmill presented unexpected difficulties. There was a good quarry of limestone on the farm, and plenty of sand and cement had been found in one of the outhouses, so that all the materials for building were at hand. But the problem the animals could not at first solve was how to break up the stone into pieces of suitable size. There seemed no way of doing this except with picks and crowbars, which no animal could use, because no animal could stand on his hind legs. Only after weeks of vain effort did the right idea occur to somebody—namely, to utilise the force of gravity. Huge boulders, far too big to be used as they were, were lying all over the bed of the quarry. The animals lashed ropes round these, and then all together, cows, horses, sheep, any animal that could lay hold of the rope — even the pigs sometimes joined in at critical moments — they dragged them with desperate slowness up the slope to the top of the quarry, where they were toppled over the edge, to shatter to pieces below. Transporting the stone when it was once broken was comparatively simple. The horses carried it off in cart-loads, the sheep dragged single blocks, even Muriel and Benjamin yoked themselves into an old governess-cart and did their share. By late summer a sufficient store of stone had accumulated, and then the building began, under the superintendence of the pigs.

But it was a slow, laborious process. Frequently it took a whole day of exhausting effort to drag a single boulder to the top of the quarry, and sometimes when it was pushed over the edge it failed to break. Nothing could have been achieved without Boxer, whose strength seemed equal to that of all the rest of the animals put together. When the boulder began to slip and the animals cried out in despair at finding themselves dragged down the hill, it was always Boxer who strained himself against the rope and brought the boulder to a stop. To see him toiling up the slope inch by inch, his breath coming fast, the tips of his hoofs clawing at the ground, and his great sides matted with sweat, filled everyone with admiration. Clover warned him sometimes to be careful not to overstrain himself, but Boxer would never listen to her. His two slogans, "I will work harder" and

"Napoleon is always right," seemed to him a sufficient answer to all problems. He had made arrangements with the cockerel to call him three-quarters of an hour earlier in the mornings instead of half an hour. And in his spare moments, of which there were not many nowadays, he would go alone to the quarry, collect a load of broken stone, and drag it down to the site of the windmill unassisted.

The animals were not badly off throughout that summer, in spite of the hardness of their work. If they had no more food than they had had in Jones's day, at least they did not have less. The advantage of only having to feed themselves, and not having to support five extravagant human beings as well, was so great that it would have taken a lot of failures to outweigh it. And in many ways the animal method of doing things was more efficient and saved labour. Such jobs as weeding, for instance, could be done with a thoroughness impossible to human beings. And again, since no animal now stole, it was unnecessary to fence off pasture from arable land, which saved a lot of labour on the upkeep of hedges and gates. Nevertheless, as the summer wore on, various unforeseen shortages began to make themselves felt.

There was need of paraffin oil, nails, string, dog biscuits, and iron for the horses' shoes, none of which could be produced on the farm. Later there would also be need for seeds and artificial manures, besides various tools and, finally, the machinery for the windmill. How these were to be procured, no one was able to imagine.

One Sunday morning, when the animals assembled to receive their orders, Napoleon announced that he had decided upon a new policy. From now onwards Animal Farm would engage in trade with the neighbouring farms: not, of course, for any commercial purpose, but simply in order to obtain certain materials which were urgently necessary. The needs of the windmill must override everything else, he said. He was therefore making arrangements to sell a stack of hay and part of the current year's wheat crop, and later on, if more money were needed, it would have to be made up by the sale of eggs, for which there was always a market in Willingdon. The hens, said Napoleon, should welcome this sacrifice as their own special contribution towards the building of the windmill.

Once again the animals were conscious of a vague

uneasiness. Never to have any dealings with human beings, never to engage in trade, never to make use of money — had not these been among the earliest resolutions passed at that first triumphant Meeting after Jones was expelled? All the animals remembered passing such resolutions: or at least they thought that they remembered it. The four young pigs who had protested when Napoleon abolished the Meetings raised their voices timidly, but they were promptly silenced by a tremendous growling from the dogs. Then, as usual, the sheep broke into "Four legs good, two legs bad!" and the momentary awkwardness was smoothed over. Finally Napoleon raised his trotter for silence and announced that he had already made all the arrangements. There would be no need for any of the animals to come in contact with human beings, which would clearly be most undesirable. He intended to take the whole burden upon his own shoulders. A Mr. Whymper, a solicitor living in Willingdon, had agreed to act as intermediary between Animal Farm and the outside world, and would visit the farm every Monday morning to receive his instructions. Napoleon ended his speech with his usual cry of "Long live Animal Farm!" and after the singing of *Beasts of England* the animals were dismissed.

Afterwards Squealer made a round of the farm and set the animals' minds at rest. He assured them that the resolution against engaging in trade and using money had never been passed, or even suggested. It was pure imagination, probably traceable in the beginning to lies circulated by Snowball. A few animals still felt faintly doubtful, but Squealer asked them shrewdly, "Are you certain that this is not something that you have dreamed, comrades? Have you any record of such a resolution? Is it written down anywhere?" And since it was certainly true that nothing of the kind existed in writing, the animals were satisfied that they had been mistaken.

Every Monday Mr. Whymper visited the farm as had been arranged. He was a sly-looking little man with side whiskers, a solicitor in a very small way of business, but sharp enough to have realised earlier than anyone else that Animal Farm would need a broker and that the commissions would be worth having. The animals watched his coming and going with a kind of dread, and avoided him as much as possible. Nevertheless, the sight of Napoleon, on all fours, delivering orders to Whymper, who stood on two legs, roused their pride and partly reconciled them to the new arrangement. Their relations with the human race were now not quite the same as they had been before. The human beings did not hate Animal Farm any less now that it was prospering; indeed, they hated it more than ever. Every human being held it as an article of faith that the farm would go bankrupt sooner or later, and, above all, that the windmill would be a failure. They would meet in the public-houses and prove to one another by means of diagrams that the windmill was bound to fall down, or that if it did stand up, then that it would never work. And yet, against their will, they had developed a certain respect for the efficiency with which the animals were managing their own affairs. One symptom of this was that they had begun to call Animal Farm by its proper name and ceased to pretend that it was called the Manor Farm. They had also dropped their championship of Jones, who had given up hope of getting his farm back and gone to live in another part of the county. Except through Whymper, there was as yet no contact between Animal Farm and the outside world, but there were constant rumours that Napoleon was about to enter into a definite business agreement either with Mr. Pilkington of Foxwood or with Mr. Frederick of Pinchfield — but never, it was noticed, with both simultaneously.

It was about this time that the pigs suddenly moved into the farmhouse and took up their residence there. Again the animals seemed to remember that a resolution against this had been passed in the early days, and again Squealer was able to convince them that this was not the case. It was absolutely necessary, he said, that the pigs, who were the brains of the farm, should have a quiet place to work in. It was also more suited to the dignity of the Leader (for of late he had taken to speaking of Napoleon under the title of "Leader") to live in a house than in a mere sty. Nevertheless, some of the animals were disturbed when they heard that the pigs not only took their meals in the kitchen and used the drawing-room as a recreation room, but also slept in the beds. Boxer passed it off as usual with "Napoleon is always right!", but Clover, who thought she remembered a definite ruling against beds, went to the end of the barn and tried to puzzle out the Seven Commandments which were inscribed there. Finding herself unable to read more than individual letters, she fetched Muriel.

"Muriel," she said, "read me the Fourth Commandment. Does it not say something about never sleeping in a bed?"

With some difficulty Muriel spelt it out.

"It says, 'No animal shall sleep in a bed *with sheets*,'" she announced finally.

Curiously enough, Clover had not remembered that the Fourth Commandment mentioned sheets; but as it was there on the wall, it must have done so. And Squealer, who happened to be passing at this moment, attended by two or three dogs, was able to put the whole matter in its proper perspective.

"You have heard then, comrades," he said, "that we pigs now sleep in the beds of the farmhouse? And why not? You did not suppose, surely, that there was ever a ruling against *beds*? A bed merely means a place to sleep in. A pile of straw in a stall is a bed, properly regarded. The rule was against *sheets*, which are a human invention. We have removed the sheets from the farmhouse beds, and sleep between blankets. And very comfortable beds they are too! But not more comfortable than we need, I can tell you, comrades, with all the brainwork we have to do nowadays. You would not rob us of our repose, would you, comrades? You would not have us too tired to carry out our duties? Surely none of you wishes to see Jones back?"

The animals reassured him on this point immediately, and no more was said about the pigs sleeping in the farmhouse beds. And when, some days afterwards, it was announced that from now on the pigs would get up an hour later in the mornings than the other animals, no complaint was made about that either.

By the autumn the animals were tired but happy. They had had a hard year, and after the sale of part of the hay and corn, the stores of food for the winter were none too plentiful, but the windmill compensated for everything. It was almost half built now. After the harvest there was a stretch of clear dry weather, and the animals toiled harder than ever, thinking it well worth while to plod to and fro all day with blocks of stone if by doing so they could raise the walls another foot. Boxer would even come out at nights and work for an hour or two on his own by the light of the harvest moon. In their spare moments the animals would walk round and round the half-finished mill, admiring the strength and perpendicularity of its walls and marvelling that they should ever have been able to build anything so imposing. Only old Benjamin refused to grow enthusiastic about the windmill, though, as usual, he would utter nothing beyond the cryptic remark that donkeys live a long time.

November came, with raging south-west winds. Building had to stop because it was now too wet to mix the cement. Finally there came a night when the gale was so violent that the farm buildings rocked on their foundations and several tiles were blown off the roof of the barn. The hens woke up squawking with terror because they had all dreamed simultaneously of hearing a gun go off in the distance. In the morning the animals came out of their stalls to find that the flagstaff had been blown down and an elm tree at the foot of the orchard had been plucked up like a radish. They had just noticed this when a cry of despair broke from every animal's throat. A terrible sight had met their eyes. The windmill was in ruins.

With one accord they dashed down to the spot. Napoleon, who seldom moved out of a walk, raced ahead of them all. Yes, there it lay, the fruit of all their struggles, levelled to its foundations, the stones they had broken and carried so laboriously scattered all around. Unable at first to speak, they stood gazing mournfully at the litter of fallen stone. Napoleon paced to and fro in silence, occasionally snuffing at the ground. His tail had grown rigid and twitched sharply from side to side, a sign in him of intense mental activity. Suddenly he halted as though his mind were made up.

"Comrades," he said quietly, "do you know who is responsible for this? Do you know the enemy who has come in the night and overthrown our windmill? SNOWBALL!" he suddenly roared in a voice of thunder. "Snowball has done this thing! In sheer malignity, thinking to set back our plans and avenge himself for his ignominious expulsion, this traitor has crept here under cover of night and destroyed our work of nearly a year. Comrades, here and now I pronounce the death sentence upon Snowball. 'Animal Hero, Second Class,' and half a bushel of apples to any animal who brings him to justice. A full bushel to anyone who captures him alive!"

The animals were shocked beyond measure to learn that even Snowball could be guilty of such an action. There was a cry of indignation, and everyone began thinking out ways of catching Snowball if he should ever come back. Almost immediately the footprints of a pig were discovered in the grass at a little distance from the knoll. They could only be traced for a few yards, but appeared to lead to a hole in the hedge. Napoleon snuffed deeply at them and pronounced them to be Snowball's. He gave it as his opinion that Snowball had probably come from the direction of Foxwood Farm.

"No more delays, comrades!" cried Napoleon when the footprints had been examined. "There is work to be done. This very morning we begin rebuilding the windmill, and we will build all through the winter, rain or shine. We will teach this miserable traitor that he cannot undo our work so easily. Remember, comrades, there must be no alteration in our plans: they shall be carried out to the day. Forward, comrades! Long live the windmill! Long live Animal Farm!"

Chapter VII

It was a bitter winter. The stormy weather was followed by sleet and snow, and then by a hard frost which did not break till well into February. The animals carried on as best they could with the rebuilding of the windmill, well knowing that the outside world was watching them and that the envious human beings would rejoice and triumph if the mill were not finished on time.

Out of spite, the human beings pretended not to believe that it was Snowball who had destroyed the windmill: they said that it had fallen down because the walls were too thin. The animals knew that this was not the case. Still, it had been decided to build the walls three feet thick this time instead of eighteen inches as before, which meant collecting much larger quantities of stone. For a long time the quarry was full of snowdrifts and nothing could be done. Some progress was made in the dry frosty weather that followed, but it was cruel work, and the animals could not feel so hopeful about it as they had felt before. They were always cold, and usually hungry as well. Only Boxer and Clover never lost heart. Squealer made excellent speeches on the joy of service and the dignity of labour, but the other animals found more inspiration in Boxer's strength and his never-failing cry of "I will work harder!"

In January food fell short. The corn ration was drastically reduced, and it was announced that an extra potato ration would be issued to make up for it. Then it was discovered that the greater part of the potato crop had been frosted in the clamps, which had not been covered thickly enough. The potatoes had become soft and discoloured, and only a few were edible. For days at a time the animals had nothing to eat but chaff and mangels. Starvation seemed to stare them in the face.

It was vitally necessary to conceal this fact from the outside world. Emboldened by the collapse of the windmill, the human beings were inventing fresh lies about Animal Farm. Once again it was being put about that all the animals were dying of famine and disease, and that they were continually fighting among themselves and had resorted to cannibalism and infanticide. Napoleon was well aware of the bad results that might follow if the real facts of the food situation were known, and he decided to make use of Mr. Whymper to spread a contrary impression. Hitherto the animals had had little or no contact with Whymper on his weekly visits: now, however, a few selected animals, mostly sheep, were instructed to remark casually in his hearing that rations had been increased. In addition, Napoleon ordered the almost empty bins in the store-shed to be filled nearly to the brim with sand, which was then covered up with what remained of the grain and meal. On some suitable pretext Whymper was led through the store-shed and allowed to catch a glimpse of the bins. He was deceived, and continued to report to the outside world that there was no food shortage on Animal Farm.

Nevertheless, towards the end of January it became obvious that it would be necessary to procure some more grain from somewhere. In these days Napoleon rarely appeared in public, but spent all his time in the farmhouse, which was guarded at each door by fierce-looking dogs. When he did emerge, it was in a ceremonial manner, with an escort of six dogs who closely surrounded him and growled if anyone came too near. Frequently he did not even appear on Sunday mornings, but issued his orders through one of the other pigs, usually Squealer.

One Sunday morning Squealer announced that the hens, who had just come in to lay again, must surrender their eggs. Napoleon had accepted, through Whymper, a contract for four hundred eggs a week. The price of these would pay for enough grain and meal to keep the farm going till summer came on and conditions were easier.

When the hens heard this, they raised a terrible outcry. They had been warned earlier that this sacrifice might be necessary, but had not believed that it would really happen. They were just getting their clutches ready for the spring sitting, and they protested that to take the eggs away now was murder. For the first time since the expulsion of Jones, there was something resembling a rebellion. Led by three young Black Minorca pullets, the hens made a determined effort to thwart

Napoleon's wishes. Their method was to fly up to the rafters and there lay their eggs, which smashed to pieces on the floor. Napoleon acted swiftly and ruthlessly. He ordered the hens' rations to be stopped, and decreed that any animal giving so much as a grain of corn to a hen should be punished by death. The dogs saw to it that these orders were carried out. For five days the hens held out, then they capitulated and went back to their nesting boxes. Nine hens had died in the meantime. Their bodies were buried in the orchard, and it was given out that they had died of coccidiosis. Whymper heard nothing of this affair, and the eggs were duly delivered, a grocer's van driving up to the farm once a week to take them away.

All this while no more had been seen of Snowball. He was rumoured to be hiding on one of the neighbouring farms, either Foxwood or Pinchfield. Napoleon was by this time on slightly better terms with the other farmers than before. It happened that there was in the yard a pile of timber which had been stacked there ten years earlier when a beech spinney was cleared. It was well seasoned, and Whymper had advised Napoleon to sell it; both Mr. Pilkington and Mr. Frederick were anxious to buy it.

Napoleon was hesitating between the two, unable to make up his mind. It was noticed that whenever he seemed on the point of coming to an agreement with Frederick, Snowball was declared to be in hiding at Foxwood, while, when he inclined toward Pilkington, Snowball was said to be at Pinchfield.

Suddenly, early in the spring, an alarming thing was discovered. Snowball was secretly frequenting the farm by night! The animals were so disturbed that they could hardly sleep in their stalls. Every night, it was said, he came creeping in under cover of darkness and performed all kinds of mischief. He stole the corn, he upset the milk-pails, he broke the eggs, he trampled the seedbeds, he gnawed the bark off the fruit trees. Whenever anything went wrong it became usual to attribute it to Snowball. If a window was broken or a drain was blocked up, someone was certain to say that Snowball had come in the night and done it, and when the key of the store-shed was lost, the whole farm was convinced that Snowball had thrown it down the well. Curiously enough, they went on believing this even after the mislaid key was found under a sack of meal. The cows declared unanimously that Snowball crept into their stalls and milked them in their sleep. The rats, which had been troublesome that winter, were also said to be in league with Snowball.

Napoleon decreed that there should be a full investigation into Snowball's activities. With his dogs in attendance he set out and made a careful tour of inspection of the farm buildings, the other animals following at a respectful distance. At every few steps Napoleon stopped and snuffed the ground for traces of Snowball's footsteps, which, he said, he could detect by the smell. He snuffed in every corner, in the barn, in the cow-shed, in the henhouses, in the vegetable garden, and found traces of Snowball almost everywhere. He would put his snout to the ground, give several deep sniffs, ad exclaim in a terrible voice, "Snowball! He has been here! I can smell him distinctly!" and at the word "Snowball" all the dogs let out blood-curdling growls and showed their side teeth.

The animals were thoroughly frightened. It seemed to them as though Snowball were some kind of invisible influence, pervading the air about them and menacing them with all kinds of dangers. In the evening Squealer called them together, and with an alarmed expression on his face told them that he had some serious news to report.

"Comrades!" cried Squealer, making little nervous skips, "a most terrible thing has been discovered. Snowball has sold himself to Frederick of Pinchfield Farm, who is even now plotting to attack us and take our farm away from us! Snowball is to act as his guide when the attack begins. But there is worse than that. We had thought that Snowball's rebellion was caused simply by his vanity and ambition. But we were wrong, comrades. Do you know what the real reason was? Snowball was in league with Jones from the very start! He was Jones's secret agent all the time. It has all been proved by documents which he left behind him and which we have only just discovered. To my mind this explains a great deal, comrades. Did we not see for ourselves how he attempted — fortunately without success — to get us defeated and destroyed at the Battle of the Cowshed?"

The animals were stupefied. This was a wickedness far outdoing Snowball's destruction of the windmill. But it was some minutes before they could fully take it in. They all remembered, or thought they remembered, how they had seen Snowball charging ahead of them at the Battle of the Cowshed, how he had rallied and encouraged them at every turn, and how he had not paused for an instant even when the pellets from Jones's gun had wounded his back. At first it was a little difficult to see how this fitted in with his being on Jones's side. Even Boxer, who seldom asked questions, was puzzled. He lay down, tucked his fore hoofs beneath him, shut his eyes, and with a hard effort managed to formulate his thoughts.

"I do not believe that," he said. "Snowball fought bravely at the Battle of the Cowshed. I saw him myself. Did we not give him 'Animal Hero, First Class,' immediately afterwards?"

"That was our mistake, comrade. For we know now — it is all written down in the secret documents that we have found — that in reality he was trying to lure us to our doom."

"But he was wounded," said Boxer. "We all saw him running with blood."

"That was part of the arrangement!" cried Squealer. "Jones's shot only grazed him. I could show you this in his own writing, if you were able to read it. The plot was for Snowball, at the critical moment, to give the signal for flight and leave the field to the enemy. And he very nearly succeeded — I will even say, comrades, he *would* have succeeded if it had not been for our heroic Leader, Comrade Napoleon. Do you not remember how, just at the moment when Jones and his men had got inside the yard, Snowball suddenly turned and fled, and many animals followed him? And do you not remember, too, that it was just at that moment, when panic was spreading and all seemed lost, that Comrade Napoleon sprang forward with a cry of 'Death to Humanity!' and sank his teeth in Jones's leg? Surely you remember *that*, comrades?" exclaimed Squealer, frisking from side to side.

Now when Squealer described the scene so graphically, it seemed to the animals that they did remember it. At any rate, they remembered that at the critical moment of the battle Snowball had turned to flee. But Boxer was still a little uneasy.

"I do not believe that Snowball was a traitor at the beginning," he said finally. "What he has done since is different. But I believe that at the Battle of the Cowshed he was a good comrade."

"Our Leader, Comrade Napoleon," announced Squealer, speaking very slowly and firmly, "has stated categorically — categorically, comrade — that Snowball was Jones's agent from the very beginning — yes, and from long before the Rebellion was ever thought of."

"Ah, that is different!" said Boxer. "If Comrade Napoleon says it, it must be right."

"That is the true spirit, comrade!" cried Squealer, but it was noticed he cast a very ugly look at Boxer with his little twinkling eyes. He turned to go, then paused and added impressively: "I warn every animal on this farm to keep his eyes very wide open. For we have reason to think that some of Snowball's secret agents are lurking among us at this moment!"

Four days later, in the late afternoon, Napoleon ordered all the animals to assemble in the yard. When they were all gathered together, Napoleon emerged from the farmhouse, wearing both his medals (for he had recently awarded himself "Animal Hero, First Class", and "Animal Hero, Second Class"), with his nine huge dogs frisking round him and uttering growls that sent shivers down all the animals' spines.

They all cowered silently in their places, seeming to know in advance that some terrible thing was about to happen.

Napoleon stood sternly surveying his audience; then he uttered a high-pitched whimper. Immediately the dogs bounded forward, seized four of the pigs by the ear and dragged them, squealing with pain and terror, to Napoleon's feet. The pigs' ears were bleeding, the dogs had tasted blood, and for a few moments they appeared to go quite mad. To the amazement of everybody, three of them flung themselves upon Boxer. Boxer saw them coming and put out his great hoof, caught a dog in mid-air, and pinned him to the ground. The dog shrieked for mercy and the other two fled with their tails between their legs. Boxer looked at Napoleon to know whether he should crush the dog to death or let it go. Napoleon appeared to change countenance, and sharply ordered Boxer to let the dog go, whereat Boxer lifted his hoof, and the dog slunk away, bruised and howling.

Presently the tumult died down. The four pigs waited, trembling, with guilt written on every line of their countenances. Napoleon now called upon them to confess their crimes. They were the same four pigs as had protested when Napoleon abolished the Sunday Meetings. Without any further prompting they confessed that they had been secretly in touch with Snowball ever since his expulsion, that they had collaborated with him in destroying the windmill, and that they had entered into an agreement with him to hand over Animal Farm to Mr. Frederick. They added that Snowball had privately admitted to them that he had been Jones's secret agent for years past. When they had finished their confession, the dogs promptly tore their throats out, and in a terrible voice Napoleon demanded whether any other animal had anything to confess.

The three hens who had been the ringleaders in the attempted rebellion over the eggs now came forward and stated that Snowball had appeared to them in a dream and incited them to disobey Napoleon's orders. They, too, were slaughtered. Then a goose came forward and confessed to having secreted six ears of corn during the last year's harvest and eaten them in the night. Then a sheep confessed to having urinated in the drinking pool — urged to do this, so she said, by Snowball — and two other sheep confessed to having murdered an old ram, an especially devoted follower of Napoleon, by chasing him round and round a bonfire when he was suffering from a cough. They were all slain on the spot. And so the tale of confessions and executions went on, until there was a pile of corpses lying before Napoleon's feet and the air was heavy with the smell of blood, which had been unknown there since the expulsion of Jones.

When it was all over, the remaining animals, except for the pigs and dogs, crept away in a body. They were shaken and miserable. They did not know which was more shocking — the treachery of the animals who had leagued themselves with Snowball, or the cruel retribution they had just witnessed. In the old days there had often been scenes of bloodshed equally terrible, but it seemed to all of them that it was far worse now that it was happening among themselves. Since Jones had left the farm, until today, no animal had killed another animal. Not even a rat had been killed. They had made their way on to the little knoll where the half-finished windmill stood, and with one accord they all lay down as though huddling together for warmth — Clover, Muriel, Benjamin, the cows, the sheep, and a whole flock of geese and hens — everyone, indeed, except the cat, who had suddenly disappeared just before Napoleon ordered the animals to assemble. For some time nobody spoke. Only Boxer remained on his feet. He fidgeted to and fro, swishing his long black tail against his sides and occasionally uttering a little whinny of surprise. Finally he said:

"I do not understand it. I would not have believed that such things could happen on our farm. It must be due to some fault in ourselves. The solution, as I see it, is to work harder. From now onwards I shall get up a full hour earlier in the mornings."

And he moved off at his lumbering trot and made for the quarry. Having got there, he collected two successive loads of stone and dragged them down to the windmill before retiring for the night.

The animals huddled about Clover, not speaking. The knoll where they were lying gave them a wide prospect across the countryside. Most of Animal Farm was within their view — the long pasture stretching down to the main road, the hayfield, the spinney, the drinking pool, the ploughed fields where the young wheat was thick and green, and the red roofs of the farm buildings with the smoke curling from the chimneys. It was a clear spring evening. The grass and the bursting hedges were gilded by the level rays of the sun. Never had the farm — and with a kind of surprise they remembered that it was their own farm, every inch of it their own property — appeared to the animals so desirable a place. As Clover looked down the hillside her eyes filled with tears. If she could have spoken her thoughts, it would have been to say that this was not what they had aimed at when they had set themselves years ago to work for the overthrow of the human race. These scenes of terror and slaughter were not what they had looked forward to on that night when old Major first stirred them to rebellion. If she herself had had any picture of the future, it had been of a society of animals set free from hunger and the whip, all equal, each working according to his capacity, the strong protecting the weak, as she had protected the lost brood of ducklings with her foreleg on the night of Major's speech. Instead — she did not know why — they had come to a time when no one dared speak his mind, when fierce, growling dogs roamed everywhere, and when you had to watch your comrades torn to pieces after confessing to shocking crimes. There was no thought of rebellion or disobedience in her mind. She knew that, even as things were, they were far better off than they had been in the days of Jones, and that before all else it was needful to prevent the return of the human beings. Whatever happened she would remain faithful, work hard, carry out the orders that were given to her, and accept the leadership of Napoleon. But still, it was not for this that she and all the other animals had hoped and toiled. It was not for this that they had built the windmill and faced the bullets of Jones's gun. Such were her thoughts, though she lacked the words to express them.

At last, feeling this to be in some way a substitute for the words she was unable to find, she began to sing *Beasts of England.* The other animals sitting round her took it up, and they sang it three times over — very tunefully, but slowly and mournfully, in a way they had never sung it before.

They had just finished singing it for the third time when Squealer, attended by two dogs, approached them with the air of having something important to say. He announced that, by a special decree of Comrade Napoleon, *Beasts of England* had been abolished. From now onwards it was forbidden to sing it.

The animals were taken aback.

"Why?" cried Muriel.

"It's no longer needed, comrade," said Squealer stiffly. "*Beasts of England* was the song of the Rebellion. But the Rebellion is now completed. The execution of the traitors this afternoon was the final act. The enemy both external and internal has been defeated. In *Beasts of England* we expressed our longing for a better society in days to come. But that society has now been established. Clearly this song has no longer any purpose."

Frightened though they were, some of the animals might possibly have protested, but at this moment the sheep set up their usual bleating of "Four legs good, two legs bad," which went on for several minutes and put an end to the discussion.

So *Beasts of England* was heard no more. In its place Minimus, the poet, had composed another song which began:

Animal Farm, Animal Farm,
Never through me shalt thou come to harm!

and this was sung every Sunday morning after the hoisting of the flag. But somehow neither the words nor the tune ever seemed to the animals to come up to *Beasts of England*.

Chapter VIII

A few days later, when the terror caused by the executions had died down, some of the animals remembered — or thought they remembered — that the Sixth Commandment decreed "No animal shall kill any other animal." And though no one cared to mention it in the hearing of the pigs or the dogs, it was felt that the killings which had taken place did not square with this. Clover asked Benjamin to read her the Sixth Commandment, and when Benjamin, as usual, said that he refused to meddle in such matters, she fetched Muriel. Muriel read the Commandment for her. It ran: "No animal shall kill any other animal *without cause.*" Somehow or other, the last two words had slipped out of the animals' memory. But they saw now that the Commandment had not been violated; for clearly there was good reason for killing the traitors who had leagued themselves with Snowball.

Throughout the year the animals worked even harder than they had worked in the previous year. To rebuild the windmill, with walls twice as thick as before, and to finish it by the appointed date, together with the regular work of the farm, was a tremendous labour. There were times when it seemed to the animals that they worked longer hours and fed no better than they had done in Jones's day. On Sunday mornings Squealer, holding down a long strip of paper with his trotter, would read out to them lists of figures proving that the production of every class of foodstuff had increased by two hundred per cent, three hundred per cent, or five hundred per cent, as the case might be. The animals saw no reason to disbelieve him, especially as they could no longer remember very clearly what conditions had been like before the Rebellion. All the same, there were days when they felt that they would sooner have had less figures and more food.

All orders were now issued through Squealer or one of the other pigs. Napoleon himself was not seen in public as often as once in a fortnight. When he did appear, he was attended not only by his retinue of dogs but by a black cockerel who marched in front of him and acted as a kind of trumpeter, letting out a loud "cock-a-doodle-doo" before Napoleon spoke. Even in the farmhouse, it was said, Napoleon inhabited separate apartments from the others. He took his meals alone, with two dogs to wait upon him, and always ate from the Crown Derby dinner service which had been in the glass cupboard in the drawing-room. It was also announced that the gun would be fired every year on Napoleon's birthday, as well as on the other two anniversaries.

Napoleon was now never spoken of simply as "Napoleon." He was always referred to in formal style as "our Leader, Comrade Napoleon," and the pigs liked to invent for him such titles as Father of All Animals, Terror of Mankind, Protector of the Sheep-fold, Ducklings' Friend, and the like. In his speeches, Squealer would talk with the tears rolling down his cheeks of Napoleon's wisdom the goodness of his heart, and the deep love he bore to all animals everywhere, even and especially the unhappy animals who still lived in ignorance and slavery on other farms. It had become usual to give Napoleon the credit for every successful achievement and every stroke of good fortune. You would often hear one hen remark to another, "Under the guidance of our Leader, Comrade Napoleon, I have laid five eggs in six days"; or two cows, enjoying a drink at the pool, would exclaim, "Thanks to the leadership of Comrade Napoleon, how excellent this water tastes!" The general feeling on the farm was well expressed in a poem entitled *Comrade Napoleon*, which was composed by Minimus and which ran as follows:

Friend of fatherless!
Fountain of happiness!
Lord of the swill-bucket! Oh, how my soul is on
Fire when I gaze at thy
Calm and commanding eye,
Like the sun in the sky,
Comrade Napoleon!

Thou are the giver of
All that thy creatures love,

Full belly twice a day, clean straw to roll upon;
Every beast great or small
Sleeps at peace in his stall,
Thou watchest over all,
Comrade Napoleon!

Had I a sucking-pig,
Ere he had grown as big
Even as a pint bottle or as a rolling-pin,
He should have learned to be
Faithful and true to thee,
Yes, his first squeak should be
"Comrade Napoleon!"

Napoleon approved of this poem and caused it to be inscribed on the wall of the big barn, at the opposite end from the Seven Commandments. It was surmounted by a portrait of Napoleon, in profile, executed by Squealer in white paint.

Meanwhile, through the agency of Whymper, Napoleon was engaged in complicated negotiations with Frederick and

Pilkington. The pile of timber was still unsold. Of the two, Frederick was the more anxious to get hold of it, but he would not offer a reasonable price. At the same time there were renewed rumours that Frederick and his men were plotting to attack Animal Farm and to destroy the windmill, the building of which had aroused furious jealousy in him. Snowball was known to be still skulking on Pinchfield Farm. In the middle of the summer the animals were alarmed to hear that three hens had come forward and confessed that, inspired by Snowball, they had entered into a plot to murder Napoleon. They were executed immediately, and fresh precautions for Napoleon's safety were taken. Four dogs guarded his bed at night, one at each corner, and a young pig named Pinkeye was given the task of tasting all his food before he ate it, lest it should be poisoned.

At about the same time it was given out that Napoleon had arranged to sell the pile of timber to Mr. Pilkington; he was also going to enter into a regular agreement for the exchange of certain products between Animal Farm and Foxwood. The relations between Napoleon and Pilkington, though they were only conducted through Whymper, were now almost friendly.

The animals distrusted Pilkington, as a human being, but greatly preferred him to Frederick, whom they both feared and hated. As the summer wore on, and the windmill neared completion, the rumours of an impending treacherous attack grew stronger and stronger. Frederick, it was said, intended to bring against them twenty men all armed with guns, and he had already bribed the magistrates and police, so that if he could once get hold of the title-deeds of Animal Farm they would ask no questions. Moreover, terrible stories were leaking out from Pinchfield about the cruelties that Frederick practised upon his animals. He had flogged an old horse to death, he starved his cows, he had killed a dog by throwing it into the furnace, he amused himself in the evenings by making cocks fight with splinters of razor-blade tied to their spurs. The animals' blood boiled with rage when they heard of these things being done to their comrades, and sometimes they clamoured to be allowed to go out in a body and attack Pinchfield Farm, drive out the humans, and set the animals free. But Squealer counselled them to avoid rash actions and trust in Comrade Napoleon's strategy.

Nevertheless, feeling against Frederick continued to run

high. One Sunday morning Napoleon appeared in the barn and explained that he had never at any time contemplated selling the pile of timber to Frederick; he considered it beneath his dignity, he said, to have dealings with scoundrels of that description. The pigeons who were still sent out to spread tidings of the Rebellion were forbidden to set foot anywhere on Foxwood, and were also ordered to drop their former slogan of "Death to Humanity" in favour of "Death to Frederick." In the late summer yet another of Snowball's machinations was laid bare. The wheat crop was full of weeds, and it was discovered that on one of his nocturnal visits Snowball had mixed weed seeds with the seed corn. A gander who had been privy to the plot had confessed his guilt to Squealer and immediately committed suicide by swallowing deadly nightshade berries. The animals now also learned that Snowball had never — as many of them had believed hitherto — received the order of "Animal Hero, First Class." This was merely a legend which had been spread some time after the Battle of the Cowshed by Snowball himself. So far from being decorated, he had been censured for showing cowardice in the battle. Once again some of the animals heard this with a certain bewilderment, but Squealer was soon able to convince them that their memories had been at fault.

In the autumn, by a tremendous, exhausting effort — for the harvest had to be gathered at almost the same time — the windmill was finished. The machinery had still to be installed, and Whymper was negotiating the purchase of it, but the structure was completed. In the teeth of every difficulty, in spite of inexperience, of primitive implements, of bad luck and of Snowball's treachery, the work had been finished punctually to the very day! Tired out but proud, the animals walked round and round their masterpiece, which appeared even more beautiful in their eyes than when it had been built the first time. Moreover, the walls were twice as thick as before. Nothing short of explosives would lay them low this time! And when they thought of how they had laboured, what discouragements they had overcome, and the enormous difference that would be made in their lives when the sails were turning and the dynamos running — when they thought of all this, their tiredness forsook them and they gambolled round and round the windmill, uttering cries of triumph. Napoleon himself, attended by his dogs and his cockerel, came down to inspect the completed work; he personally congratulated the animals on their achievement, and announced that the mill would be named Napoleon Mill.

Two days later the animals were called together for a special meeting in the barn. They were struck dumb with surprise when Napoleon announced that he had sold the pile of timber to Frederick. Tomorrow Frederick's wagons would arrive and begin carting it away. Throughout the whole period of his seeming friendship with Pilkington, Napoleon had really been in secret agreement with Frederick.

All relations with Foxwood had been broken off; insulting messages had been sent to Pilkington. The pigeons had been told to avoid Pinchfield Farm and to alter their slogan from "Death to Frederick" to "Death to Pilkington." At the same time Napoleon assured the animals that the stories of an impending attack on Animal Farm were completely untrue, and that the tales about Frederick's cruelty to his own animals had been greatly exaggerated. All these rumours had probably originated with Snowball and his agents. It now appeared that Snowball was not, after all, hiding on Pinchfield Farm, and in fact had never been there in his life: he was living — in considerable luxury, so it was said — at Foxwood, and had in reality been a pensioner of Pilkington for years past.

The pigs were in ecstasies over Napoleon's cunning. By seeming to be friendly with Pilkington he had forced Frederick to raise his price by twelve pounds. But the superior quality of Napoleon's mind, said Squealer, was shown in the fact that he trusted nobody, not even Frederick. Frederick had wanted to pay for the timber with something called a cheque, which, it seemed, was a piece of paper with a promise to pay written upon it. But Napoleon was too clever for him. He had demanded payment in real five-pound notes, which were to be handed over before the timber was removed. Already Frederick had paid up; and the sum he had paid was just enough to buy the machinery for the windmill.

Meanwhile the timber was being carted away at high speed. When it was all gone, another special meeting was held in the barn for the animals to inspect Frederick's bank-notes. Smiling beatifically, and wearing both his decorations, Napoleon reposed on a bed of straw on the platform, with the money at his side, neatly piled on a china dish from the farmhouse kitchen. The animals filed slowly past, and each gazed his fill. And Boxer put out his nose to sniff at the bank-notes, and the flimsy white things stirred and rustled in his breath.

Three days later there was a terrible hullabaloo. Whymper, his face deadly pale, came racing up the path on his bicycle, flung it down in the yard and rushed straight into the farmhouse. The next moment a choking roar of rage sounded from Napoleon's apartments. The news of what had happened sped round the farm like wildfire. The banknotes were forgeries! Frederick had got the timber for nothing!

Napoleon called the animals together immediately and in a terrible voice pronounced the death sentence upon Frederick. When captured, he said, Frederick should be boiled alive. At the same time he warned them that after this treacherous deed the worst was to be expected. Frederick and his men might make their long-expected attack at any moment. Sentinels were placed at all the approaches to the farm. In addition, four pigeons were sent to Foxwood with a conciliatory message, which it was hoped might re-establish good relations with Pilkington.

The very next morning the attack came. The animals were

at breakfast when the look-outs came racing in with the news that Frederick and his followers had already come through the five-barred gate. Boldly enough the animals sallied forth to meet them, but this time they did not have the easy victory that they had had in the Battle of the Cowshed. There were fifteen men, with half a dozen guns between them, and they opened fire as soon as they got within fifty yards. The animals could not face the terrible explosions and the stinging pellets, and in spite of the efforts of Napoleon and Boxer to rally them, they were soon driven back. A number of them were already wounded. They took refuge in the farm buildings and peeped cautiously out from chinks and knot-holes. The whole of the big pasture, including the windmill, was in the hands of the enemy. For the moment even Napoleon seemed at a loss. He paced up and down without a word, his tail rigid and twitching. Wistful glances were sent in the direction of Foxwood. If Pilkington and his men would help them, the day might yet be won. But at this moment the four pigeons, who had been sent out on the day before, returned, one of them bearing a scrap of paper from Pilkington. On it was pencilled the words: "Serves you right."

Meanwhile Frederick and his men had halted about the windmill. The animals watched them, and a murmur of dismay went round. Two of the men had produced a crowbar and a sledge hammer. They were going to knock the windmill down.

"Impossible!" cried Napoleon. "We have built the walls far too thick for that. They could not knock it down in a week. Courage, comrades!"

But Benjamin was watching the movements of the men intently. The two with the hammer and the crowbar were drilling a hole near the base of the windmill. Slowly, and with an air almost of amusement, Benjamin nodded his long muzzle.

"I thought so," he said. "Do you not see what they are doing? In another moment they are going to pack blasting powder into that hole."

Terrified, the animals waited. It was impossible now to venture out of the shelter of the buildings. After a few minutes the men were seen to be running in all directions. Then there was a deafening roar. The pigeons swirled into the air, and all the animals, except Napoleon, flung themselves flat on their bellies and hid their faces. When they got up again, a huge cloud of black smoke was hanging where the windmill had been. Slowly the breeze drifted it away. The windmill had ceased to exist!

At this sight the animals' courage returned to them. The fear and despair they had felt a moment earlier were drowned in their rage against this vile, contemptible act. A mighty cry for vengeance went up, and without waiting for further orders they charged forth in a body and made straight for the enemy. This time they did not heed the cruel pellets that swept over them like hail. It was a savage, bitter battle. The men fired again and again, and, when the animals got to close quarters, lashed out with their sticks and their heavy boots. A cow, three sheep, and two geese were killed, and nearly everyone was wounded. Even Napoleon, who was directing operations from the rear, had the tip of his tail chipped by a pellet. But the men did not go unscathed either. Three of them had their heads broken by blows from Boxer's hoofs; another was gored in the belly by a cow's horn; another had his trousers nearly torn off by Jessie and Bluebell. And when the nine dogs of Napoleon's own bodyguard, whom he had instructed to make a detour under cover of the hedge, suddenly appeared on the men's flank, baying ferociously, panic overtook them. They saw that they were in danger of being surrounded. Frederick shouted to his men to get out while the going was good, and the next moment the cowardly enemy was running for dear life. The animals chased them right down to the bottom of the field, and got in some last kicks at them as they forced their way through the thorn hedge.

They had won, but they were weary and bleeding. Slowly they began to limp back towards the farm. The sight of their dead comrades stretched upon the grass moved some of them to tears. And for a little while they halted in sorrowful silence at the place where the windmill had once stood. Yes, it was gone; almost the last trace of their labour was gone! Even the foundations were partially destroyed. And in rebuilding it they could not this time, as before, make use of the fallen stones. This time the stones had vanished too. The force of the explosion had flung them to distances of hundreds of yards. It was as though the windmill had never been.

As they approached the farm Squealer, who had

unaccountably been absent during the fighting, came skipping towards them, whisking his tail and beaming with satisfaction. And the animals heard, from the direction of the farm buildings, the solemn booming of a gun.

"What is that gun firing for?" said Boxer.

"To celebrate our victory!" cried Squealer.

"What victory?" said Boxer. His knees were bleeding, he had lost a shoe and split his hoof, and a dozen pellets had lodged themselves in his hind leg.

"What victory, comrade? Have we not driven the enemy off our soil — the sacred soil of Animal Farm?"

"But they have destroyed the windmill. And we had worked on it for two years!"

"What matter? We will build another windmill. We will build six windmills if we feel like it. You do not appreciate, comrade, the mighty thing that we have done. The enemy was in occupation of this very ground that we stand upon. And now — thanks to the leadership of Comrade Napoleon — we have won every inch of it back again!"

"Then we have won back what we had before," said Boxer.

"That is our victory," said Squealer.

They limped into the yard. The pellets under the skin of Boxer's leg smarted painfully. He saw ahead of him the heavy labour of rebuilding the windmill from the foundations, and already in imagination he braced himself for the task. But for the first time it occurred to him that he was eleven years old and that perhaps his great muscles were not quite what they had once been.

But when the animals saw the green flag flying, and heard the gun firing again — seven times it was fired in all — and heard the speech that Napoleon made, congratulating them on their conduct, it did seem to them after all that they had won a great victory. The animals slain in the battle were given a solemn funeral. Boxer and Clover pulled the wagon which served as a hearse, and Napoleon himself walked at the head of the procession. Two whole days were given over to celebrations. There were songs, speeches, and more firing of the gun, and a special gift of an apple was bestowed on every animal, with two ounces of corn for each bird and three biscuits for each dog. It was announced that the battle would be called the Battle of the

Windmill, and that Napoleon had created a new decoration, the Order of the Green Banner, which he had conferred upon himself. In the general rejoicings the unfortunate affair of the banknotes was forgotten.

It was a few days later than this that the pigs came upon a case of whisky in the cellars of the farmhouse. It had been overlooked at the time when the house was first occupied. That night there came from the farmhouse the sound of loud singing, in which, to everyone's surprise, the strains of *Beasts of England* were mixed up. At about half-past nine Napoleon, wearing an old bowler hat of Mr. Jones's, was distinctly seen to emerge from the back door, gallop rapidly round the yard, and disappear indoors again. But in the morning a deep silence hung over the farmhouse. Not a pig appeared to be stirring. It was nearly nine o'clock when Squealer made his appearance, walking slowly and dejectedly, his eyes dull, his tail hanging limply behind him, and with every appearance of being seriously ill. He called the animals together and told them that he had a terrible piece of news to impart. Comrade Napoleon was dying!

A cry of lamentation went up. Straw was laid down outside

the doors of the farmhouse, and the animals walked on tiptoe. With tears in their eyes they asked one another what they should do if their Leader were taken away from them. A rumour went round that Snowball had after all contrived to introduce poison into Napoleon's food. At eleven o'clock Squealer came out to make another announcement. As his last act upon earth, Comrade Napoleon had pronounced a solemn decree: the drinking of alcohol was to be punished by death.

By the evening, however, Napoleon appeared to be somewhat better, and the following morning Squealer was able to tell them that he was well on the way to recovery. By the evening of that day Napoleon was back at work, and on the next day it was learned that he had instructed Whymper to purchase in Willingdon some booklets on brewing and distilling. A week later Napoleon gave orders that the small paddock beyond the orchard, which it had previously been intended to set aside as a grazing-ground for animals who were past work, was to be ploughed up. It was given out that the pasture was exhausted and needed re-seeding; but it soon became known that Napoleon intended to sow it with barley.

About this time there occurred a strange incident which hardly anyone was able to understand. One night at about twelve o'clock there was a loud crash in the yard, and the animals rushed out of their stalls. It was a moonlit night. At the foot of the end wall of the big barn, where the Seven Commandments were written, there lay a ladder broken in two pieces. Squealer, temporarily stunned, was sprawling beside it, and near at hand there lay a lantern, a paint-brush, and an overturned pot of white paint. The dogs immediately made a ring round Squealer, and escorted him back to the farmhouse as soon as he was able to walk. None of the animals could form any idea as to what this meant, except old Benjamin, who nodded his muzzle with a knowing air, and seemed to understand, but would say nothing.

But a few days later Muriel, reading over the Seven Commandments to herself, noticed that there was yet another of them which the animals had remembered wrong. They had thought the Fifth Commandment was "No animal shall drink alcohol," but there were two words that they had forgotten. Actually the Commandment read: "No animal shall drink alcohol *to excess.*"

Chapter IX

Boxer's split hoof was a long time in healing. They had started the rebuilding of the windmill the day after the victory celebrations were ended. Boxer refused to take even a day off work, and made it a point of honour not to let it be seen that he was in pain. In the evenings he would admit privately to Clover that the hoof troubled him a great deal. Clover treated the hoof with poultices of herbs which she prepared by chewing them, and both she and Benjamin urged Boxer to work less hard. "A horse's lungs do not last for ever," she said to him. But Boxer would not listen. He had, he said, only one real ambition left — to see the windmill well under way before he reached the age for retirement.

At the beginning, when the laws of Animal Farm were first

formulated, the retiring age had been fixed for horses and pigs at twelve, for cows at fourteen, for dogs at nine, for sheep at seven, and for hens and geese at five. Liberal old-age pensions had been agreed upon. As yet no animal had actually retired on pension, but of late the subject had been discussed more and more. Now that the small field beyond the orchard had been set aside for barley, it was rumoured that a corner of the large pasture was to be fenced off and turned into a grazing-ground for superannuated animals. For a horse, it was said, the pension would be five pounds of corn a day and, in winter, fifteen pounds of hay, with a carrot or possibly an apple on public holidays. Boxer's twelfth birthday was due in the late summer of the following year.

Meanwhile life was hard. The winter was as cold as the last one had been, and food was even shorter. Once again all rations were reduced, except those of the pigs and the dogs. A too rigid equality in rations, Squealer explained, would have been contrary to the principles of Animalism. In any case he had no difficulty in proving to the other animals that they were *not* in reality short of food, whatever the appearances might be. For the time being, certainly, it had been found necessary to make a readjustment of rations (Squealer always spoke of it as a "readjustment," never as a "reduction"), but in comparison with the days of Jones, the improvement was enormous. Reading out the figures in a shrill, rapid voice, he proved to them in detail that they had more oats, more hay, more turnips than they had had in Jones's day, that they worked shorter hours, that their drinking water was of better quality, that they lived longer, that a larger proportion of their young ones survived infancy, and that they had more straw in their stalls and suffered less from fleas. The animals believed every word of it. Truth to tell, Jones and all he stood for had almost faded out of their memories. They knew that life nowadays was harsh and bare, that they were often hungry and often cold, and that they were usually working when they were not asleep. But doubtless it had been worse in the old days. They were glad to believe so. Besides, in those days they had been slaves and now they were free, and that made all the difference, as Squealer did not fail to point out.

There were many more mouths to feed now. In the autumn

the four sows had all littered about simultaneously, producing thirty-one young pigs between them. The young pigs were piebald, and as Napoleon was the only boar on the farm, it was possible to guess at their parentage. It was announced that later, when bricks and timber had been purchased, a schoolroom would be built in the farmhouse garden. For the time being, the young pigs were given their instruction by Napoleon himself in the farmhouse kitchen. They took their exercise in the garden, and were discouraged from playing with the other young animals. About this time, too, it was laid down as a rule that when a pig and any other animal met on the path, the other animal must stand aside: and also that all pigs, of whatever degree, were to have the privilege of wearing green ribbons on their tails on Sundays.

The farm had had a fairly successful year, but was still short of money. There were the bricks, sand, and lime for the schoolroom to be purchased, and it would also be necessary to begin saving up again for the machinery for the windmill. Then there were lamp oil and candles for the house, sugar for Napoleon's own table (he forbade this to the other pigs, on the ground that it made them fat), and all the usual replacements such as tools, nails, string, coal, wire, scrap-iron, and dog biscuits. A stump of hay and part of the potato crop were sold off, and the contract for eggs was increased to six hundred a week, so that that year the hens barely hatched enough chicks to keep their numbers at the same level. Rations, reduced in December, were reduced again in February, and lanterns in the stalls were forbidden to save oil. But the pigs seemed comfortable enough, and in fact were putting on weight if anything. One afternoon in late February a warm, rich, appetising scent, such as the animals had never smelt before, wafted itself across the yard from the little brew-house, which had been disused in Jones's time, and which stood beyond the kitchen. Someone said it was the smell of cooking barley. The animals sniffed the air hungrily and wondered whether a warm mash was being prepared for their supper. But no warm mash appeared, and on the following Sunday it was announced that from now onwards all barley would be reserved for the pigs. The field beyond the orchard had already been sown with barley. And the news soon leaked out that every pig was now receiving a ration of a pint of beer daily, with half a gallon for Napoleon himself, which was always served to him in the Crown Derby soup tureen.

But if there were hardships to be borne, they were partly offset by the fact that life nowadays had a greater dignity than it had had before. There were more songs, more speeches, more processions. Napoleon had commanded that once a week there should be held something called a Spontaneous Demonstration, the object of which was to celebrate the struggles and triumphs of Animal Farm. At the appointed time the animals would leave their work and march round the precincts of the farm in military formation, with the pigs leading, then the horses, then the cows, then the sheep, and then the poultry. The dogs flanked the procession and at the head of all marched Napoleon's black cockerel. Boxer and Clover always carried between them a green banner marked with the hoof and the horn and the caption, "Long live Comrade Napoleon!" Afterwards there were recitations of poems composed in Napoleon's honour, and a speech by Squealer giving particulars of the latest increases in the production of foodstuffs, and on occasion a shot was fired from the gun. The sheep were the greatest devotees of the Spontaneous Demonstration, and if anyone complained (as a few animals sometimes did, when no pigs or dogs were near) that they wasted time and meant a lot of standing about in the cold, the sheep were sure to silence him with a tremendous bleating of "Four legs good, two legs bad!" But by and large the animals enjoyed these celebrations. They found it comforting to be reminded that, after all, they were truly their own masters and that the work they did was for their own benefit. So that, what with the songs, the processions, Squealer's lists of figures, the thunder of the gun, the crowing of the cockerel, and the fluttering of the flag, they were able to forget that their bellies were empty, at least part of the time.

In April, Animal Farm was proclaimed a Republic, and it became necessary to elect a President. There was only one candidate, Napoleon, who was elected unanimously. On the same day it was given out that fresh documents had been discovered which revealed further details about Snowball's complicity with Jones. It now appeared that Snowball had not, as the animals had previously imagined, merely attempted to lose the Battle of the Cowshed by means of a stratagem, but had been openly fighting on Jones's side. In fact, it was he who had actually been the leader of the human forces, and had charged into battle with the words "Long live Humanity!" on his lips. The wounds on Snowball's back, which a few of the animals still remembered to have seen, had been inflicted by Napoleon's teeth.

In the middle of the summer Moses the raven suddenly reappeared on the farm, after an absence of several years. He was quite unchanged, still did no work, and talked in the same strain as ever about Sugarcandy Mountain. He would perch on a stump, flap his black wings, and talk by the hour to anyone who would listen. "Up there, comrades," he would say solemnly, pointing to the sky with his large beak — "up there, just on the other side of that dark cloud that you can see — there it lies, Sugarcandy Mountain, that happy country where we poor animals shall rest for ever from our labours!" He even claimed to have been there on one of his higher flights, and to have seen the everlasting fields of clover and the linseed cake and lump sugar growing on the hedges. Many of the animals believed him. Their lives now, they reasoned, were hungry and laborious; was it not right and just that a better world should exist somewhere else? A thing that was difficult to determine was the attitude of the pigs towards Moses. They all declared contemptuously that his stories about Sugarcandy Mountain were lies, and yet they allowed him to remain on the farm, not working, with an allowance of a gill of beer a day.

After his hoof had healed up, Boxer worked harder than ever. Indeed, all the animals worked like slaves that year. Apart from the regular work of the farm, and the rebuilding of the windmill, there was the schoolhouse for the young pigs, which was started in March. Sometimes the long hours on insufficient food were hard to bear, but Boxer never faltered. In nothing that he said or did was there any sign that his strength was not what it had been. It was only his appearance that was a little altered; his hide was less shiny than it had used to be, and his great haunches seemed to have shrunken. The others said, "Boxer will pick up when the spring grass comes on"; but the spring came and Boxer grew no fatter. Sometimes on the slope leading to the top of the quarry, when he braced his muscles against the weight of some vast boulder, it seemed that nothing kept him on his feet except the will to continue. At such times his lips were seen to form the words, "I will work harder"; he had no voice left. Once again Clover and Benjamin warned him to take care of his health, but Boxer paid no attention. His twelfth birthday was approaching. He did not care what happened so long as a good store of stone was accumulated before he went on pension.

Late one evening in the summer, a sudden rumour ran round the farm that something had happened to Boxer. He had gone out alone to drag a load of stone down to the windmill. And sure enough, the rumour was true. A few minutes later two pigeons came racing in with the news; "Boxer has fallen! He is lying on his side and can't get up!"

About half the animals on the farm rushed out to the knoll where the windmill stood. There lay Boxer, between the shafts of the cart, his neck stretched out, unable even to raise his head. His eyes were glazed, his sides matted with sweat. A thin stream of blood had trickled out of his mouth. Clover dropped to her knees at his side.

"Boxer!" she cried, "how are you?"

"It is my lung," said Boxer in a weak voice. "It does not matter. I think you will be able to finish the windmill without me. There is a pretty good store of stone accumulated. I had only another month to go in any case. To tell you the truth, I had been looking forward to my retirement. And perhaps, as Benjamin is growing old too, they will let him retire at the same time and be a companion to me."

"We must get help at once," said Clover. "Run, somebody, and tell Squealer what has happened."

All the other animals immediately raced back to the farmhouse to give Squealer the news. Only Clover remained, and Benjamin who lay down at Boxer's side, and, without speaking, kept the flies off him with his long tail. After about a quarter of an hour Squealer appeared, full of sympathy and concern. He said that Comrade Napoleon had learned with the very deepest distress of this misfortune to one of the most loyal workers on the farm, and was already making arrangements to send Boxer to be treated in the hospital at Willingdon. The animals felt a little uneasy at this. Except for Mollie and Snowball, no other animal had ever left the farm, and they did not like to think of their sick comrade in the hands of human beings. However, Squealer easily convinced them that the veterinary surgeon in Willingdon could treat Boxer's case more satisfactorily than could be done on the farm. And about half an hour later, when Boxer had somewhat recovered, he was with difficulty got on to his feet, and managed to limp back to his stall, where Clover and Benjamin had prepared a good bed of straw for him.

For the next two days Boxer remained in his stall. The pigs had sent out a large bottle of pink medicine which they had found in the medicine chest in the bathroom, and Clover administered it to Boxer twice a day after meals. In the evenings she lay in his stall and talked to him, while Benjamin kept the flies off him. Boxer professed not to be sorry for what had happened. If he made a good recovery, he might expect to live another three years, and he looked forward to the peaceful days that he would spend in the corner of the big pasture. It would be the first time that he had had leisure to study and improve his mind. He intended, he said, to devote the rest of his life to learning the remaining twenty-two letters of the alphabet.

However, Benjamin and Clover could only be with Boxer after working hours, and it was in the middle of the day when the van came to take him away. The animals were all at work weeding turnips under the supervision of a pig, when they were astonished to see Benjamin come galloping from the direction of the farm buildings, braying at the top of his voice. It was the first time that they had ever seen Benjamin excited — indeed, it was the first time that anyone had ever seen him gallop. "Quick, quick!" he shouted. "Come at once! They're taking Boxer away!" Without waiting for orders from the pig, the animals broke off work and raced back to the farm buildings. Sure enough, there in the yard was a large closed van, drawn by two horses, with lettering on its side and a sly-looking man in a low-crowned bowler hat sitting on the driver's seat. And Boxer's stall was empty.

The animals crowded round the van. "Good-bye, Boxer!" they chorused, "good-bye!"

"Fools! Fools!" shouted Benjamin, prancing round them and stamping the earth with his small hoofs. "Fools! Do you not see what is written on the side of that van?"

That gave the animals pause, and there was a hush. Muriel began to spell out the words. But Benjamin pushed her aside and in the midst of a deadly silence he read:

"'Alfred Simmonds, Horse Slaughterer and Glue Boiler, Willingdon. Dealer in Hides and Bone-Meal. Kennels Supplied.' Do you not understand what that means? They are taking Boxer to the knacker's!"

A cry of horror burst from all the animals. At this moment the man on the box whipped up his horses and the van moved out of the yard at a smart trot. All the animals followed, crying out at the tops of their voices. Clover forced her way to the front. The van began to gather speed. Clover tried to stir her stout limbs to a gallop, and achieved a canter. "Boxer!" she cried. "Boxer! Boxer! Boxer!" And just at this moment, as though he had heard the uproar outside, Boxer's face, with the white stripe down his nose, appeared at the small window at the back of the van.

"Boxer!" cried Clover in a terrible voice. "Boxer! Get out! Get out quickly! They're taking you to your death!"

All the animals took up the cry of "Get out, Boxer, get

out!" But the van was already gathering speed and drawing away from them. It was uncertain whether Boxer had understood what Clover had said. But a moment later his face disappeared from the window and there was the sound of a tremendous drumming of hoofs inside the van. He was trying to kick his way out. The time had been when a few kicks from Boxer's hoofs would have smashed the van to matchwood. But alas! his strength had left him; and in a few moments the sound of drumming hoofs grew fainter and died away. In desperation the animals began appealing to the two horses which drew the van to stop. "Comrades, comrades!" they shouted. "Don't take your own brother to his death!" But the stupid brutes, too ignorant to realise what was happening, merely set back their ears and quickened their pace. Boxer's face did not reappear at the window. Too late, someone thought of racing ahead and shutting the five-barred gate; but in another moment the van was through it and rapidly disappearing down the road. Boxer was never seen again.

Three days later it was announced that he had died in the hospital at Willingdon, in spite of receiving every attention a horse could have. Squealer came to announce the news to the others. He had, he said, been present during Boxer's last hours.

"It was the most affecting sight I have ever seen!" said Squealer, lifting his trotter and wiping away a tear. "I was at his bedside at the very last. And at the end, almost too weak to speak, he whispered in my ear that his sole sorrow was to have passed on before the windmill was finished. 'Forward, comrades!' he whispered. 'Forward in the name of the Rebellion. Long live Animal Farm! Long live Comrade Napoleon! Napoleon is always right.' Those were his very last words, comrades."

Here Squealer's demeanour suddenly changed. He fell silent for a moment, and his little eyes darted suspicious glances from side to side before he proceeded.

It had come to his knowledge, he said, that a foolish and wicked rumour had been circulated at the time of Boxer's removal. Some of the animals had noticed that the van which took Boxer away was marked "Horse Slaughterer," and had actually jumped to the conclusion that Boxer was being sent to the knacker's. It was almost unbelievable, said Squealer, that any animal could be so stupid. Surely, he cried indignantly, whisking his tail and skipping from side to side, surely they knew their beloved Leader, Comrade Napoleon, better than that? But the explanation was really very simple. The van had previously been the property of the knacker, and had been bought by the veterinary surgeon, who had not yet painted the old name out. That was how the mistake had arisen.

The animals were enormously relieved to hear this. And when Squealer went on to give further graphic details of Boxer's death-bed, the admirable care he had received, and the expensive medicines for which Napoleon had paid without a thought as to the cost, their last doubts disappeared and the sorrow that they felt for their comrade's death was tempered by the thought that at least he had died happy.

Napoleon himself appeared at the meeting on the following Sunday morning and pronounced a short oration in Boxer's honour. It had not been possible, he said, to bring back their lamented comrade's remains for interment on the farm, but he had ordered a large wreath to be made from the laurels in the farmhouse garden and sent down to be placed on Boxer's grave.

And in a few days' time the pigs intended to hold a memorial banquet in Boxer's honour. Napoleon ended his speech with a reminder of Boxer's two favourite maxims, "I will work harder" and "Comrade Napoleon is always right" — maxims, he said, which every animal would do well to adopt as his own.

On the day appointed for the banquet, a grocer's van drove up from Willingdon and delivered a large wooden crate at the farmhouse. That night there was the sound of uproarious singing, which was followed by what sounded like a violent quarrel and ended at about eleven o'clock with a tremendous crash of glass. No one stirred in the farmhouse before noon on the following day, and the word went round that from somewhere or other the pigs had acquired the money to buy themselves another case of whisky.

Chapter X

Years passed. The seasons came and went, the short animal lives fled by. A time came when there was no one who remembered the old days before the Rebellion, except Clover, Benjamin, Moses the raven, and a number of the pigs.

Muriel was dead; Bluebell, Jessie, and Pincher were dead. Jones too was dead — he had died in an inebriates' home in another part of the country. Snowball was forgotten. Boxer was forgotten, except by the few who had known him. Clover was an old stout mare now, stiff in the joints and with a tendency to rheumy eyes. She was two years past the retiring age, but in fact no animal had ever actually retired. The talk of setting aside a corner of the pasture for superannuated animals had long since been dropped. Napoleon was now a mature boar of twenty-four stone. Squealer was so fat that he could with difficulty see out of his eyes. Only old Benjamin was much the same as ever, except for being a little greyer about the muzzle, and, since Boxer's death, more morose and taciturn than ever.

There were many more creatures on the farm now, though the increase was not so great as had been expected in earlier years. Many animals had been born to whom the Rebellion was only a dim tradition, passed on by word of mouth, and others had been bought who had never heard mention of such a thing before their arrival. The farm possessed three horses now besides Clover. They were fine upstanding beasts, willing workers and good comrades, but very stupid. None of them proved able to learn the alphabet beyond the letter B. They accepted everything that they were told about the Rebellion and the principles of Animalism, especially from Clover, for whom they had an almost filial respect; but it was doubtful whether they understood very much of it.

The farm was more prosperous now, and better organised: it had even been enlarged by two fields which had been bought from Mr. Pilkington. The windmill had been successfully completed at last, and the farm possessed a threshing machine and a hay elevator of its own, and various new buildings had been added to it. Whymper had bought himself a dogcart. The windmill, however, had not after all been used for generating electrical power. It was used for milling corn, and brought in a handsome money profit. The animals were hard at work building yet another windmill; when that one was finished, so it was said, the dynamos would be installed. But the luxuries of which Snowball had once taught the animals to dream, the stalls with electric light and hot and cold water, and the three-day week, were no longer talked about. Napoleon had denounced such ideas as contrary to the spirit of Animalism. The truest happiness, he said, lay in working hard and living frugally.

Somehow it seemed as though the farm had grown richer without making the animals themselves any richer—except, of course, for the pigs and the dogs. Perhaps this was partly because there were so many pigs and so many dogs. It was not that these creatures did not work, after their fashion. There was, as Squealer was never tired of explaining, endless work in the supervision and organisation of the farm. Much of this work was of a kind that the other animals were too ignorant to understand. For example, Squealer told them that the pigs had to expend enormous labours every day upon mysterious things called "files," "reports," "minutes," and "memoranda". These were large sheets of paper which had to be closely covered with writing, and as soon as they were so covered, they were burnt in the furnace. This was of the highest importance for the welfare of the farm, Squealer said. But still, neither pigs nor dogs produced any food by their own labour; and there were very many of them, and their appetites were always good.

As for the others, their life, so far as they knew, was as it had always been. They were generally hungry, they slept on straw, they drank from the pool, they laboured in the fields; in winter they were troubled by the cold, and in summer by the flies. Sometimes the older ones among them racked their dim memories and tried to determine whether in the early days of the Rebellion, when Jones's expulsion was still recent, things had been better or worse than now. They could not remember. There was nothing with which they could compare their present lives: they had nothing to go upon except Squealer's lists of figures, which invariably demonstrated that everything was getting better and better. The animals found the problem insoluble; in any case, they had little time for speculating on such things now. Only old Benjamin professed to remember every detail of his long life and to know that things never had been, nor ever could be much better or much worse — hunger, hardship, and disappointment being, so he said, the unalterable law of life.

And yet the animals never gave up hope. More, they never lost, even for an instant, their sense of honour and privilege in being members of Animal Farm. They were still the only farm in the whole county — in all England! — owned and operated by animals. Not one of them, not even the youngest, not even the newcomers who had been brought from farms ten or twenty miles away, ever ceased to marvel at that. And when they heard the gun booming and saw the green flag fluttering at the masthead, their hearts swelled with imperishable pride, and the talk turned always towards the old heroic days, the expulsion of Jones, the writing of the Seven Commandments, the great battles in which the human invaders had been defeated. None of the old dreams had been abandoned. The Republic of the

Animals which Major had foretold, when the green fields of England should be untrodden by human feet, was still believed in. Some day it was coming: it might not be soon, it might not be with in the lifetime of any animal now living, but still it was coming. Even the tune of *Beasts of England* was perhaps hummed secretly here and there: at any rate, it was a fact that every animal on the farm knew it, though no one would have dared to sing it aloud. It might be that their lives were hard and that not all of their hopes had been fulfilled; but they were conscious that they were not as other animals. If they were hungry, it was not from feeding tyrannical human beings; if they worked hard, at least they worked for themselves. No creature among them went upon two legs. No creature called any other creature "Master." All animals were equal.

One day in early summer Squealer ordered the sheep to follow him, and led them out to a piece of waste ground at the other end of the farm, which had become overgrown with birch saplings. The sheep spent the whole day there browsing at the leaves under Squealer's supervision. In the evening he returned to the farmhouse himself, but, as it was warm weather, told the sheep to stay where they were. It ended by their remaining there for a whole week, during which time the other animals saw nothing of them. Squealer was with them for the greater part of every day. He was, he said, teaching them to sing a new song, for which privacy was needed.

It was just after the sheep had returned, on a pleasant evening when the animals had finished work and were making their way back to the farm buildings, that the terrified neighing of a horse sounded from the yard. Startled, the animals stopped in their tracks. It was Clover's voice. She neighed again, and all the animals broke into a gallop and rushed into the yard. Then they saw what Clover had seen.

It was a pig walking on his hind legs.

Yes, it was Squealer. A little awkwardly, as though not quite used to supporting his considerable bulk in that position, but with perfect balance, he was strolling across the yard. And a moment later, out from the door of the farmhouse came a long file of pigs, all walking on their hind legs. Some did it better than others, one or two were even a trifle unsteady and looked as though they would have liked the support of a stick, but every one of them made his way right round the yard successfully. And finally there was a tremendous baying of dogs and a shrill crowing from the black cockerel, and out came Napoleon himself, majestically upright, casting haughty glances from side to side, and with his dogs gambolling round him.

He carried a whip in his trotter.

There was a deadly silence. Amazed, terrified, huddling together, the animals watched the long line of pigs march slowly round the yard. It was as though the world had turned upside-down. Then there came a moment when the first shock had worn off and when, in spite of everything—in spite of their terror of the dogs, and of the habit, developed through long years, of never complaining, never criticizing, no matter what happened — they might have uttered some word of protest. But just at that moment, as though at a signal, all the sheep burst out into a tremendous bleating of —

"Four legs good, two legs *better*! Four legs good, two legs *better*! Four legs good, two legs *better*!"

It went on for five minutes without stopping. And by the time the sheep had quieted down, the chance to utter any protest had passed, for the pigs had marched back into the farmhouse.

Benjamin felt a nose nuzzling at his shoulder. He looked round. It was Clover. Her old eyes looked dimmer than ever. Without saying anything, she tugged gently at his mane and led him round to the end of the big barn, where the Seven Commandments were written. For a minute or two they stood gazing at the tatted wall with its white lettering.

"My sight is failing," she said finally. "Even when I was young I could not have read what was written there. But it appears to me that that wall looks different. Are the Seven Commandments the same as they used to be, Benjamin?"

For once Benjamin consented to break his rule, and he read out to her what was written on the wall. There was nothing there now except a single Commandment. It ran:

ALL ANIMALS ARE EQUAL

BUT SOME ANIMALS ARE MORE EQUAL THAN OTHERS

After that it did not seem strange when next day the pigs who were supervising the work of the farm all carried whips in their trotters. It did not seem strange to learn that the pigs had bought themselves a wireless set, were arranging to install a telephone, and had taken out subscriptions to *John Bull*, *Tit-Bits*, and the *Daily Mirror*. It did not seem strange when Napoleon was seen strolling in the farmhouse garden with a pipe in his mouth — no, not even when the pigs took Mr. Jones's clothes out of the wardrobes and put them on, Napoleon himself appearing in a black coat, ratcatcher breeches, and leather leggings, while his favourite sow appeared in the watered silk dress which Mrs. Jones had been used to wearing on Sundays.

A week later, in the afternoon, a number of dog-carts drove up to the farm. A deputation of neighbouring farmers had been invited to make a tour of inspection. They were shown all over the farm, and expressed great admiration for everything they saw, especially the windmill. The animals were weeding the turnip field. They worked diligently hardly raising their faces from the ground, and not knowing whether to be more frightened of the pigs or of the human visitors.

That evening loud laughter and bursts of singing came from the farmhouse. And suddenly, at the sound of the mingled voices, the animals were stricken with curiosity. What could be happening in there, now that for the first time animals and human beings were meeting on terms of equality? With one accord they began to creep as quietly as possible into the farmhouse garden.

At the gate they paused, half frightened to go on but Clover led the way in. They tiptoed up to the house, and such animals as were tall enough peered in at the dining-room window. There, round the long table, sat half a dozen farmers and half a dozen of the more eminent pigs, Napoleon himself occupying the seat of honour at the head of the table. The pigs appeared completely at ease in their chairs. The company had been enjoying a game of cards but had broken off for the moment, evidently in order to drink a toast. A large jug was circulating, and the mugs were being refilled with beer. No one noticed the wondering faces of the animals that gazed in at the window.

Mr. Pilkington, of Foxwood, had stood up, his mug in his hand. In a moment, he said, he would ask the present company to drink a toast. But before doing so, there were a few words that he felt it incumbent upon him to say.

It was a source of great satisfaction to him, he said — and, he was sure, to all others present — to feel that a long period of mistrust and misunderstanding had now come to an end. There had been a time — not that he, or any of the present company, had shared such sentiments — but there had been a time when the respected proprietors of Animal Farm had been regarded, he would not say with hostility, but perhaps with a certain measure of misgiving, by their human neighbours. Unfortunate incidents had occurred, mistaken ideas had been current. It had been felt that the existence of a farm owned and operated by pigs was somehow abnormal and was liable to have an unsettling effect in the neighbourhood. Too many farmers had assumed, without due enquiry, that on such a farm a spirit of licence and indiscipline would prevail. They had been nervous about the effects upon their own animals, or even upon their human employees. But all such doubts were now dispelled. Today he and his friends had visited Animal Farm and inspected every inch of it with their own eyes, and what did they find? Not only the most up-to-date methods, but a discipline and an orderliness which should be an example to all farmers everywhere. He believed that he was right in saying that the lower animals on Animal Farm did more work and received less food than any animals in the county. Indeed, he and his fellow-visitors today had observed many features which they intended to introduce on their own farms immediately.

He would end his remarks, he said, by emphasizing once again the friendly feelings that subsisted, and ought to subsist, between Animal Farm and its neighbours. Between pigs and human beings there was not, and there need not be, any clash of interests whatever. Their struggles and their difficulties were one. Was not the labour problem the same everywhere? Here it became apparent that Mr. Pilkington was about to spring some carefully prepared witticism on the company, but for a moment he was too overcome by amusement to be able to utter it. After much choking, during which his various chins turned purple, he managed to get it out: "If you have your lower animals to contend with," he said, "we have our lower classes!" This *bon mot* set the table in a roar; and Mr. Pilkington once again congratulated the pigs on the low rations, the long working hours, and the general absence of pampering which he had observed on Animal Farm.

And now, he said finally, he would ask the company to rise to their feet and make certain that their glasses were full. "Gentlemen," concluded Mr. Pilkington, "gentlemen, I give you a toast: To the prosperity of Animal Farm!"

There was enthusiastic cheering and stamping of feet. Napoleon was so gratified that he left his place and came round the table to clink his mug against Mr. Pilkington's before emptying it. When the cheering had died down, Napoleon, who had remained on his feet, intimated that he too had a few words to say.

Like all of Napoleon's speeches, it was short and to the point. He too, he said, was happy that the period of misunderstanding was at an end. For a long time there had been rumours — circulated, he had reason to think, by some malignant enemy — that there was something subversive and even revolutionary in the outlook of himself and his colleagues. They had been credited with attempting to stir up rebellion among the animals on neighbouring farms. Nothing could be further from the truth! Their sole wish, now and in the past, was to live at peace and in normal business relations with their neighbours. This farm which he had the honour to control, he added, was a co-operative enterprise. The title-deeds, which were in his own possession, were owned by the pigs jointly.

He did not believe, he said, that any of the old suspicions still lingered, but certain changes had been made recently in the routine of the farm which should have the effect of promoting confidence still further. Hitherto the animals on the farm had had a rather foolish custom of addressing one another as "Comrade." This was to be suppressed. There had also been a very strange custom, whose origin was unknown, of marching every Sunday morning past a boar's skull which was nailed to a post in the garden. This, too, would be suppressed, and the skull had already been buried. His visitors might have observed, too, the green flag which flew from the masthead. If so, they would perhaps have noted that the white hoof and horn with which it had previously been marked had now been removed. It would be a plain green flag from now onwards.

He had only one criticism, he said, to make of Mr. Pilkington's excellent and neighbourly speech. Mr. Pilkington had referred throughout to "Animal Farm." He could not of course know — for he, Napoleon, was only now for the first time announcing it — that the name "Animal Farm" had been abolished. Henceforward the farm was to be known as "The Manor Farm" — which, he believed, was its correct and original name.

"Gentlemen," concluded Napoleon, "I will give you the same toast as before, but in a different form. Fill your glasses to the brim. Gentlemen, here is my toast: To the prosperity of The Manor Farm!"

There was the same hearty cheering as before, and the mugs were emptied to the dregs. But as the animals outside gazed at the scene, it seemed to them that some strange thing was happening. What was it that had altered in the faces of the pigs? Clover's old dim eyes flitted from one face to another. Some of them had five chins, some had four, some had three. But what was it that seemed to be melting and changing? Then, the applause having come to an end, the company took up their cards and continued the game that had been interrupted, and the animals crept silently away.

But they had not gone twenty yards when they stopped short. An uproar of voices was coming from the farmhouse. They rushed back and looked through the window again. Yes, a violent quarrel was in progress. There were shoutings, bangings on the table, sharp suspicious glances, furious denials. The source of the trouble appeared to be that Napoleon and Mr. Pilkington had each played an ace of spades simultaneously.

Twelve voices were shouting in anger, and they were all alike. No question, now, what had happened to the faces of the pigs. The creatures outside looked from pig to man, and from man to pig, and from pig to man again; but already it was impossible to say which was which.

November 1943—February 1944

About the Author

George Orwell (pseudonym of Eric Arthur Blair, 1903 – 1950), English novelist, essayist, and critic famous for his novels *Animal Farm and Nineteen Eighty–four.*

Orwell attended Eton, where he published his first writing in college periodicals. Instead of accepting a scholarship to a university, he decided to follow family tradition and, in 1922, went to Burma (now Myanmar) to serve in the Indian Imperial Police. Later he was to recount his experiences and his reactions to imperial rule in two brilliant autobiographical sketches, " Shooting an Elephant " and " A Hanging," classics of expository prose.

In 1927 Orwell, on leave to England, decided not to return to Burma. Having felt guilty that the barriers of race and caste had prevented his mingling with the Burmese, he thought he could make amends by immersing himself in the life of the poor and outcast of Europe. His subsequent experiences gave Orwell the material for *Down and Out in Paris and London* (1933), in which actual incidents are rearranged into something like fiction. Orwell's first novel, *Burmese Days* (1934), established the pattern of his subsequent fiction in its portrayal of a sensitive, conscientious, and emotionally isolated individual who is at odds with an oppressive or dishonest social environment. Other novels of this period were A *Clergyman's Daughter* (1935) and *Keep the Aspidistra Flying* (1936).

During the 1930s he began to consider himself a socialist. By the time his original and unorthodox political treatise *The Road to Wigan Pier* appeared in 1937, Orwell was in Spain, where he had gone to report on the Civil War and stayed to join the Republican militia. In May 1937, after having fought in Barcelona against communists who were trying to suppress their political opponents, he was forced to flee Spain for fear of his life. The experience gave him a lifelong dread of communism, first expressed in the vivid account of his Spanish experiences,

Homage to Catalonia (1938).

When World War II began, Orwell was rejected for military service and instead he headed the Indian service of the BBC and then worked as a journalist. The appearance in 1945 of *Animal Farm* made him famous and, for the first time, prosperous. Though it was one of his finest works, it has been overshadowed by his last book, *Nineteen Eighty-four* (1949).

图书在版编目(CIP)数据

动物农场：英汉对照/(英)奥威尔(Orwell，G)著；
荣如德译.—上海：上海译文出版社,2009.7(2025.11重印)
书名原文：Animal Farm
ISBN 978-7-5327-4857-0

Ⅰ.动… Ⅱ.①奥…②荣… Ⅲ.①英语-汉语-对照读物②中篇小说-英国-现代 Ⅳ. H319.4:Ⅰ

中国版本图书馆CIP数据核字(2009)第105067号

George Orwell
ANIMAL FARM

动物农场
〔英〕乔治·奥威尔/著 荣如德/译
责任编辑/冯 涛 装帧设计/张志全工作室

上海译文出版社有限公司出版、发行
网址：www.yiwen.com.cn
201101 上海市闵行区号景路159弄B座
浙江新华数码印务有限公司印刷

开本 787×1092 1/32 印张 9.75 插页 5 字数 199,000
2009年7月第1版 2025年11月第24次印刷
印数：79,401-84,400册

ISBN 978-7-5327-4857-0
定价：35.00元